AF871395

10/90

EL DIEZ ES DE DIOS
Y EL 90 TAMBIÉN

10/90

EL DIEZ ES DE DIOS Y EL 90 TAMBIÉN

DIEGO MORENO JR

MISIÓN

PUBLICADO POR EDITORIAL MISIÓN

Copyright © 2023 por Diego Moreno Jr

Segunda Edición Noviembre 2023

ISBN Tapa Blanda: 978-1-958677-13-1
ISBN Tapa Dura: 978-1-958677-12-4

Coeditores: Blanca Aragón y Pacco Espinosa
Ilustración de portada: Patrizio Caro (Caro Artwork) / Editorial Misión

MISIÓN

Todos los derechos de autor reservados por las Leyes Internacionales del Copyright. El autor prohíbe la reproducción parcial o total del contenido de esta obra por cualquier medio o procedimiento. Para su difusión se deberá solicitar permiso por escrito con noventa días de anticipación.

www.EditorialMision.com

Dedicado a toda la gente que ha recibido estas enseñanzas en América Latina, Estados Unidos y África.

COMENTARIOS

El pastor Diego ha sido mi mentor en el área de finanzas por más de veinte años. Aprendí con él que los diezmos y las ofrendas son una guerra espiritual, te lleva a un nivel de unción y poder para sembrar semillas con una cosecha abundante. Todo esto inició en su anterior visita a nosotros en África. Sus enseñanzas provocaron que nuestra congregación progresara en todas las áreas del ministerio, especialmente en el área de finanzas. Estoy convencido de que este libro será de gran bendición a ti, sin importar religión o credo que practiques.

Pastor Joshua Magezi
Kampala, Uganda, África

Diego y yo nos conocemos desde niños. Desde esos lejanos años, veía que emanaba una unción especial en su vida. En su juventud, transitó en el ministerio del canto con producciones musicales que fueron de mucha bendición. Inició su primer pastorado en los años 90; en el año 2013 escribió su primer libro: Socios de Dios. Junto con todo esto, Dios lo levantó como profeta de la prosperidad. Mi esposa y yo podemos dar testimonio de cómo ha sido usado por Dios en esa área. Llama nuestra atención que no sólo enseña sobre el dar, sino que también lo practica. Es un gran sembrador en el reino de Dios y mucha gente ha sido bendecida a través de su ministerio, entre ellos nosotros y nuestra congregación, donde se le tiene gran aprecio. Sabemos que este libro será de gran bendición para tu vida, date la oportunidad de leerlo. Bendiciones.

Pastores Obed y Paty Meza
Congregación "Fortaleza México"
Los Mochis, Sinaloa

En la presente obra, el autor nos muestra de manera diáfana y práctica, las bases bíblicas de cómo manejar correctamente las finanzas confiadas en nuestras manos. Aclara lo que sucede con el 10 y el 90% de lo que recibimos. Te aseguro que obtendrás los beneficios que el conocer esto, te aportará.

Profesor Carlos Marín

Los diezmos y las ofrendas fundamentadas en lo que la Biblia y el autor de este libro nos enseñan, son una puerta que, cuando uno la abre y actúa en ellas, nos introduce en una dimensión poderosa de bendición.

Pastor Juan Manuel Santillán
Cd. Juárez, Chihuahua, México

Diego Moreno, mi querido amigo y hermano de toda la vida, creo que este tu tercer libro, plasma de una excelente manera este tema que has enseñado y dominas a plenitud sobre la mayordomía. 10/90 es un libro excelso, una obra maestra. Soy testigo fiel de cómo vives lo que enseñas. Sabes que te aprecio, admiro y respeto. Éxito y bendiciones eternas a tu vida y ministerio.

Pacco Espinosa
Cantante y conferencista

La primera vez que escuché del pastor Diego Moreno, fue en un audio. La enseñanza que expuso sobre finanzas bendijo mi vida. Me puse en contacto con él, lo invité a nuestra iglesia, fue muy bendecida por sus palabras. Dios le ha dado una unción muy especial para predicar en el área financiera. Doy fe que sus enseñanzas han impactado nuestro país (Venezuela) y alrededor del mundo. Los principios eternos que expone, han llegado a miles de personas y sin dudarlo, ¡a millones! por medio de la radio y televisión. Te recomiendo este su tercer libro 10/90, trae una revelación actual de parte del Espíritu que te edificará y bendecirá.

Pastor Víctor y Gloria Peña
Barinas, Venezuela

Dad, y se os dará; medida buena, apretada, remecida y rebosando, ese es el estilo de vida de Diego, sembrando y enseñando en diferentes países. Este libro les ayudará a vivir una vida plena. El 100% es de Dios y quiere que administremos el 90% de lo que es suyo.

Gamaliel Moreno

EBOOK GRATIS

Como muestra de mi agradecimiento por adquirir este libro, deseo hacerte un regalo especial.

Te invito a descargar GRATIS mi Ebook titulado **"6 Razones Para Vivir Sin Miedo"**.

Este recurso adicional te proporcionará aún más herramientas y sabiduría para enfrentar cualquier desafío con valentía y fe.

No esperes más, puedes acceder a tu regalo en el siguiente enlace:

www.DiegoMorenoJr.com/regalo

¡Descárgalo ahora y descubre cómo puedes ser fuerte y valiente!

ÍNDICE

PRÓLOGO

Quiero recomendarle este libro, sé que será de gran bendición a su vida.

Desde hace varias décadas conozco a Diego Moreno Jr, mi hermano y amigo; él es muy entusiasta en todo lo que hace, como en su faceta de cantante, también ha sido de gran bendición.

Pocos años después, en sus inicios como pastor, Dios lo usó para levantar la obra donde lo colocaron (primero Dios y después su padre).

Posteriormente lo vi incursionar como conferencista de principios bíblicos sobre mayordomía.

Ha viajado por el mundo llevando un mensaje muy claro y sencillo, a la vez que confronta al que escucha, con el fin de provocar que los principios establecidos por Dios, se activen para bien.

Leí el borrador del libro que ahora usted tiene en sus manos, y, en verdad le digo que aunque tengo 45 años predicando la Palabra, este libro me despejó la mente acerca de muchos asuntos aquí tratados.

Al adentrarme en la lectura, hubo páginas de mucha reflexión que me hicieron llorar, al igual otras, ¡reír a carcajadas! por las anécdotas tan amenas que Diego expone.

Me emocioné y llené de contentamiento en algunos capítulos por la forma en que Diego los desarrolla.

Prepárese a transitar en un recorrido de 12 avenidas por las que le conducirá este libro, todo ello con el fin de que usted sea bendecido.

Pastor Teodoro Medellín
Iglesia "Un Ejército Para Cristo"

INTRODUCCIÓN

Vengo de una familia pastoral sacerdotal. Mis abuelos maternos conocieron a Dios en la década de 1940 y comenzaron su camino como pastores. Mi mamá se casó muy joven, a los 16 años, y mi papá también se involucró en el ministerio pastoral. Durante esos años, que abarcan desde la década de los cuarenta, los setenta, y hasta el día de hoy, hay congregaciones que predican que debes ser muy pobre para estar cerca de Dios; es decir, "cuanto más pobre, más santo". Este concepto marcó la vida de mi familia de manera profunda.

Cuando tenía 16 años, mi abuelo falleció en el hospital. Partió a los 68 años, siendo un pastor que había vivido en extrema pobreza. La noticia que nos dieron fue desgarradora: "*Este hombre murió de hambre, sus intestinos se pegaron por falta de alimento*".

Mi reacción fue decirle a mi mamá:

—*¡Yo no quiero ser pastor!*

Y ella me dijo:

—¿Por qué?

—Porque a mí me gusta comer, y si ser pastor es morirse de hambre yo no quiero ser pastor —le dije.

Mi mamá me respondió:

—Ponte a orar.

Cuando era niño, estas condiciones de vida no me afectaban tanto, pero a medida que crecía y desarrollaba mi capacidad de comprensión, comencé a cuestionar a mi papá. Yo era solo un niño curioso, y las dificultades económicas que experimentábamos como familia en San Luis Río Colorado, Sonora, me llevaron a preguntarle a mi padre acerca de nuestro estilo de vida. Vivíamos en un camión abandonado que se encontraba sobre la arena, sin llantas ni ventanas. Era poco más que un cascarón abandonado. Esta era nuestra versión de la casa pastoral, la residencia típica de un pastor.

En invierno, aquel camión era un congelador, mientras que en verano se convertía en un auténtico horno. Era una estructura de lámina, un antiguo autobús de pasajeros. Mi conciencia comenzó a tomar forma cuando tenía tan solo cinco años, y en ese momento empecé a cuestionar a mi padre, preguntándole por qué vivíamos de esa manera. Me encontré aprendiendo acerca de la vida y la fe de una manera no convencional. No asistí al jardín de niños porque cobraban por la matrícula, algo que no podíamos permitirnos. En cambio, mi padre cada vez que me castigaba me ponía a leer la Biblia. Así fue como aprendí a leer, a través de las palabras sagradas de la Biblia.

Ese proceso me hizo darme cuenta de las vidas de hombres de Dios como Abraham, un hombre que amasó tal riqueza que la tierra no podía contenerla. Abraham murió en la vejez, siendo un próspero ganadero y un hombre acaudalado. Comparaba la historia de mi familia, viviendo en ese camión, con las historias de abundancia de la Biblia como la de Abraham. Comencé a cuestionar por qué el Dios de mi padre parecía tan diferente al Dios de Abraham.

En mi niñez, solía comentarle a mi padre que a veces parecía que existían dos dioses: el Dios de los ricos y el Dios de los pobres. Cuando le expresaba mis inquietudes, su respuesta siempre era que me pusiera a orar. A esa temprana edad, alrededor de los nueve u once años, comencé a cuestionar y reflexionar sobre estas diferencias en nuestra fe.

Recuerdo haber leído un capítulo en la Biblia sobre cómo David ofrendó para la construcción del templo de Salomón. Según la Biblia, David donó cinco mil talentos de oro de su tesoro personal para este propósito. Intrigado por esta cantidad, fui a la tabla de contenidos de mi Biblia y busqué qué era un talento. Descubrí que David había traído al templo un total de ciento quince toneladas y media de oro como ofrenda, ¡y esto de su tesoro personal! Me quedé asombrado, David poseía una riqueza increíble. Entonces pensé: *Este hombre no creo que esté en el infierno.*

Mi mentalidad comenzó a cambiar a raíz de este descubrimiento, pero también me llevó a conflictos con mi padre, especialmente después de la muerte de mi abuelo. Cuando le compartí mis pensamientos y reflexiones, no siempre fueron bien recibidos.

Así que, en el 2006, mi papá vino a mi casa. Ese día yo acababa de regresar de viaje con mi hijo. Mi hijo estaba cumpliendo sus cinco años de edad y habíamos pasado juntos tres días inolvidables. Recuerdo que era un sábado, un diez de junio y ese día celebrábamos la fiesta de cumpleaños en casa.

Entonces mi padre me dijo que necesitaba hablar conmigo y me llevó a la sala. Me dijo:

—Hace tres días ya me iba a ir, pero no podía hacerlo sin haber hablado contigo. Necesito darte instrucciones.

Me toma del hombro y me dice: *—Diego, perdóname.*

Mi padre era una persona pacífica, nunca lo vi pelear ni discutir con nadie. Fue un hombre que buscaba la paz en todas las situaciones. Entonces, me extrañó que me estuviera pidiendo perdón y le pregunté por qué lo estaba haciendo. Él me respondió:

—Ya terminé mi carrera. Ahora les toca a ustedes continuar el legado. Pero quiero pedirte perdón... por haberlos traído con tanta pobreza durante todos esos años cuando eran niños.

—*No papá, no tiene nada que perdonar, todos esos años fueron una escuela para mí* —le dije.

Sí… No fue agradable ver llorar a mi mamá en una esquina, hincada, orando porque no había comida. En ese tiempo, a un pastor no se le permitía trabajar. Mi papá era un excelente diseñador de mosaicos, pero si la denominación religiosa a la que pertenecíamos descubría que mi padre tenía trabajo, lo expulsaban del pastorado. A pesar de esas dificultades, le aseguré que no tenía motivos para pedir perdón.

Le dije que se fuera en paz y agradecido con Dios por el trabajo que había hecho con nosotros. Le recordé que todos sus hijos estábamos involucrados de alguna manera en el ministerio, unos como pastores, otros sirviendo al Señor. Le dije que había hecho un excelente trabajo con nosotros y que eso también formaba parte de nuestra historia, de nuestra escuela.

A continuación me siguió dando más instrucciones sobre asuntos familiares y otras cosas personales, pero literalmente, él se estaba despidiendo de mí porque ya se iba con el Señor. Me pidió perdón por toda la pobreza que nos trajo. Ese era su punto principal esa noche.

Cuatro días después de esa despedida, mi papá murió.

Lo lloré por más de tres semanas, todos los días.

Y lo único que resonaba en mi mente fue: *No se preocupe*

papá... eso fue lo que a usted le enseñaron. Usted solo quería estar bien delante de Dios y usted se sometió a esas enseñanzas.

En este libro, mi querido lector, pretendo que la parte escritural, mis años de experiencia y testimonios de vida, te lleven a comprender lo valioso e importante de administrar adecuadamente el dinero de Dios.

He enseñado sobre mayordomía desde 1990, y ha sido parte primordial en mi ministerio como pastor, predicador y conferencista; lo he hecho en mi país (México) y en Estados Unidos, (lugar donde radico), también en varios países de otros continentes.

Creo firmemente que este tema es más que necesario para pastores, líderes y creyentes en general, ya que los llevará a replantearse algunas de las enseñanzas que han recibido sobre mayordomía.

Quiero aclarar —con toda honestidad— que no tengo la verdad absoluta en este tema, pero te pido con humildad, que abras tu espíritu y aprendas de verdades que he enseñado, vivido y que me han funcionado a mí y a miles de personas que las han recibido de manera audible en mis conferencias —y que ahora están plasmadas en este documento que, definitivamente, fue hecho con mucho amor para ti, estimado lector.

Este no es un libro que habla sólo de diezmos y ofrendas, en absoluto. Es un libro que te llevará a comprender que, todo lo que Dios nos ha dado por el fruto de nuestro trabajo, es para que sea de bendición para nosotros (individualmente), para nuestros hijos, para nuestra descendencia y para toda persona que esté dispuesta a disfrutar de la plenitud de vida que Dios y Jesucristo nos han prometido.

A mis sesenta años, con una larga trayectoria aplicando estos principios que vas a descubrir a continuación, te aseguro que tú también puedes experimentar su poder. El mismo Dios que estableció estas verdades desde la eternidad, sigue cumpliendo Su Palabra en las áreas del diezmo, la ofrenda y la administración financiera.

Amado, yo deseo que tú seas prosperado en todas las cosas, y que tengas salud, así como prospera tu alma 3ª Juan 1:2 RVR1960

DIEGO MORENO JR

CAPÍTULO I
10% DIEZMOS

¡Cómo has caído del cielo, oh, estrella luciente, hijo de la mañana! Has sido arrojado a la tierra, tú que destruías a las naciones del mundo. Pues te decías a ti mismo: "Subiré al cielo para poner mi trono por encima de las estrellas de Dios. Voy a presidir en el monte de los dioses, muy lejos en el norte. Escalaré hasta los cielos más altos y seré como el Altísimo". En cambio, serás bajado al lugar de los muertos, a las profundidades más hondas Isaías 14:12-15 NTV

Cuando se habla del diezmo (ya sea entre amigos, liderazgos, en los púlpitos o plataformas digitales), el tema genera controversia. Desde el siglo pasado y hasta este milenio, muchos teólogos, expositores de la Palabra, nuevos creyentes e incluso los que tienen años en la iglesia, argumentan que el diezmo fue exclusivamente para el tiempo en que la ley fue dada a Moisés —cuando el pueblo de Israel se estaba convirtiendo en nación. Un buen número de cristianos de la era moderna, argumentan que los diezmos fueron sólo para el tiempo de los patriarcas, iniciando con Abraham, aproximadamente 430 años antes de que Moisés liberara a los judíos de Egipto.

Millones de personas toman como pretexto el hecho de que fue establecido en el Antiguo Testamento (cuando Dios entregó la ley en el monte Sinaí), refieren que fue exclusivo para los hebreos, así pretenden evadir este principio espiritual. El diezmo no se originó en el Edén ni con Abraham, tampoco con Moisés. El principio espiritual del diezmo, tuvo su origen y fundamento en el cielo, en la eternidad.

El diezmo representa la parte de Dios —que Él no comparte con nadie, porque se originó en la eternidad de Dios. Lo leímos en el párrafo de inicio, en la lectura de Isaías 14, donde Luzbel se llenó de orgullo porque era el ángel más bello y espectacular en el trono de Dios. En el libro del profeta Ezequiel se describe algo muy interesante, digno de atender:

...Tú eras el sello de la perfección, lleno de sabiduría y acabado de hermosura. En Edén, en el huerto de Dios estuviste; de toda piedra preciosa era tu vestidura; de cornerina, topacio, jaspe, crisólito, berilo y ónice; de zafiro, carbunclo, esmeralda y oro; los primores de tus tamboriles y flautas estuvieron preparados para ti en el día de tu creación. Tú, querubín grande, protector, yo te puse en el santo monte de Dios, allí estuviste; en medio de las piedras de fuego te paseabas. Perfecto eras en todos tus caminos desde el día que fuiste creado, hasta que se halló en ti maldad. A causa de la multitud de tus contrataciones fuiste lleno de iniquidad y pecaste; por lo que yo te eché del monte

de Dios, y te arrojé de entre las piedras de fuego, oh, querubín protector Ezequiel 28:12-16.

Las Escrituras nos describen un ángel con un ministerio, es probable que nunca comprendamos completamente; en su cuerpo estaban integrados todo tipo de instrumentos musicales. Con un inhalar, la orquesta del cielo tocaba las mejores piezas musicales por medio de este personaje. Su ejecución era magistral e incomparable; era tal su majestuosidad, presencia, influencia y hermosura, que este querubín tenía miles de seguidores en el cielo. La escritura nos revela que una tercera parte de los ángeles del cielo estaban bajo sus órdenes —y lo seguían con fidelidad y admiración.

Y su cola arrastraba la tercera parte de las estrellas del cielo, y las arrojó sobre la tierra... Apocalipsis 12:4a.

Y fue lanzado fuera el gran dragón, la serpiente antigua, que se llama diablo y Satanás, el cual engaña al mundo entero; fue arrojado a la tierra, y sus ángeles fueron arrojados con él Apocalipsis 12:9.

Lo escrito en el libro del profeta, nos revela el tiempo en el que su posición prominente y belleza indescriptible, no le satisfizo y pensó: *Merezco escalar otra posición y debe ser la más alta. Yo soy mejor que cualquiera de los ángeles del cielo, pero soy menor que Dios, lo único que me falta es ser igual a Dios*. Es por eso que determinó y exclamó con arrogancia:

Subiré al cielo para poner mi trono por encima de las estrellas de Dios. Voy a presidir en el monte de los dioses, muy lejos en el norte. Escalaré hasta los cielos más altos y seré como el Altísimo Isaías 14:13-14 NTV.

Eso era ya demasiado, pero sabemos bien lo que la ambición produce. Este ángel, a pesar de que se encontraba en un lugar privilegiado, no supo ver con humildad su lugar en la creación, y fue así que desde el mismo trono de Dios, llegó a tan extremas acciones.

Este querubín amado por Dios, como nadie en las huestes celestiales por la posición que se le había dado, se atrevió a tocar lo intocable de Dios y violó un principio espiritual: Dios no comparte su gloria con nadie, sólo Dios decide a quién se le puede asignar autoridad y potestad en cielo y tierra.

En estos pasajes podemos ver que el principio espiritual del diezmo, se estableció en el cielo, y, por violar ese principio, este ángel creado por Dios con el propósito de embellecer su trono, un ser que era privilegiado, fue arrojado a las profundidades de la oscuridad, al abismo.

Ese fue el costo por su atrevimiento.

Algo que debemos aprender y nunca olvidar, es que: el diezmo, más que dinero, es un principio espiritual.

En el siguiente capítulo veremos cómo surgió esta disciplina del diezmo en la tierra.

CAPÍTULO II
NOS CONFIÓ EL HUERTO

En los primeros versículos del primer capítulo del Génesis, leemos el relato de la creación de Dios.

La tierra estaba desordenada y vacía, y las tinieblas estaban sobre la faz del abismo, y el Espíritu de Dios se movía sobre la faz de las aguas Génesis 1:1-2.

Dios en su eternidad, decidió crear un huerto en la región del Edén. El Edén, según el libro de Génesis (relato que la mayoría de los cristianos conocemos), es un lugar donde Dios estableció al hombre después de haberlo creado del barro y del polvo de la tierra.

"Polvo sagrado" repetía constantemente en sus presentaciones el cantautor argentino, Facundo Cabral.

El significado de Edén, es "deleite" —ya lo he mencionado en mis otros libros. La palabra deleite, es placer supremo, satisfacción, contentamiento; así de increíble era este lugar donde Dios puso al hombre para que lo disfrutara plenamente.

Después que Dios creó el huerto en la región del Edén, dijo:

Entonces dijo Dios: "Hagamos al hombre a nuestra imagen, conforme a nuestra semejanza…" Génesis 1:26.

Cuando Dios formó al hombre del polvo de la tierra y lo estableció en el huerto del Edén, entre muchos privilegios, le dio tres órdenes: Trabájalo, cuídalo y disfrútalo.

Tomó, pues, Jehová Dios al hombre, y lo puso en el huerto del Edén, para que lo labrara y lo guardase. Y mandó Jehová Dios al hombre, diciendo: "De todo árbol del huerto podrás comer; mas del árbol de la ciencia del bien y del mal no comerás; porque el día que de él comieres, ciertamente morirás" Génesis 2:15-17.

Las ordenanzas son claras, específicas, concretas: trabájalo, cuídalo y disfrútalo. No puedo evitar pensar ¡lo maravilloso que debió ser ese lugar donde el hombre fue puesto! Dios les dio este lugar inigualable para que comieran libremente del fruto de cualquier árbol del huerto. Miles de árboles para que disfrutaran toda la exquisitez de sus frutos. Pero detengámonos un momento. Les dijo:

"…Excepto del árbol del conocimiento del bien y del mal. Si comes de su fruto, sin duda morirás"

Fue una prohibición con advertencia. Aquí vemos de nuevo el principio espiritual del diezmo, representado en el árbol del bien y del mal. Este versículo avala que en el huerto existía el bien y el mal. Tocar el fruto de ese árbol, tendría sus consecuencias: la sentencia de que el hombre iba a morir. En la versión Reina Valera, leemos: *ese día morirás*. No en un día, no en una semana, no en un mes, no en un año después, ¡ese mismo día morirás! La advertencia era más que clara y concluyente. Por pura curiosidad, hace muchos años me di a la tarea de, concienzudamente, buscar en una enciclopedia (de aquellas en papel), qué cantidad de árboles frutales habría en el huerto. La investigación hecha en ese momento me arrojó cifras muy interesantes. Los números me indicaron que era muy probable que en el huerto del Edén existieran alrededor de 2318 árboles.

Lo que saltó a la vista en esa lectura, fue que Adán y Eva podían comer de 2317 árboles y disfrutar todo el año. Comer y disfrutar para siempre de más de dos mil árboles, excepto de uno, ¡qué más podían pedir! El árbol del bien y del mal representaba esa gloria que Dios no comparte con nadie. Algo similar a lo que sucedió en el cielo, cuando Luzbel fue desterrado por intentar tocar la gloria de Dios. Muy interesante, grandes similitudes en los relatos, en diferente tiempo y contexto, uno en el cielo y otro en la tierra. La Biblia dice que por su desobediencia fueron desalojados del Edén: Y lo sacó Jehová del huerto de Edén, para que labrase la tierra de la que fue tomado Génesis 3:23.

A causa de la desobediencia del hombre y la mujer, el Señor Dios los expulsó del jardín del Edén, los cambió de estatus automáticamente, de sólo custodiar y disfrutar la tierra del Edén plenamente, pasaron a cultivar la tierra —de la cual el hombre había sido formado.

Y al hombre dijo: "Por cuanto obedeciste a la voz de tu mujer, y comiste del árbol de que te mandé diciendo: No comerás del él; maldita será la tierra por tu causa; con dolor comerás de ella todos los días de tu vida. Espinos y cardos te producirá, y comerás plantas del campo. Con el sudor de tu rostro comerás el pan hasta que vuelvas a la tierra, porque de ella fuiste tomado; polvo eres, y al polvo volverás" Génesis 3:17-19.

Historias diferentes con similitud de consecuencias por la desobediencia (tocar lo intocable de Dios), por ello Satanás fue expulsado del trono de Dios. En la tierra, el hombre por tomar y comer lo intocable —a pesar de haber sido exhortados de no quebrantar el principio espiritual. Lo enfatizó para que reflexionemos y atendamos.

La historia bíblica y la historia universal indican que los descendientes de Isaac e Ismael tenían la enseñanza, disciplina y cultura de apartar el diez por ciento de su trabajo. Podemos preguntarnos, quién enseñó a Abraham sobre el diezmo o qué libro de mayordomía leyó Abraham en su juventud y a qué seminario bíblico asistió y aprendió este principio eterno. Cuando Abraham obedeció la indicación de Dios de salir de Ur de los Caldeos, comenzó una relación tan cercana entre ellos que Dios lo llamó *mi amigo*, esta amistad dio principio a una de las historias más increíbles en la tierra.

El Señor le había dicho a Abram: "*Deja tu patria y a tus parientes y a la familia de tu padre, y vete a la tierra que yo te mostraré. Haré de ti una gran nación; te bendeciré y te haré famoso y serás una bendición para otros. Bendeciré a quienes te bendigan y maldeciré a quienes te traten con desprecio. Todas las familias serán bendecidas por medio de ti*" Génesis 12:1-3.

Quiero que analicemos un poco un relato que encontramos en el capítulo 14 de Génesis, está descrito un acontecimiento del sobrino de Abram, que vivía en Sodoma:

Entonces los invasores victoriosos saquearon Sodoma y Gomorra y emprendieron el regreso a su tierra con el botín de guerra y los alimentos. También capturaron a Lot, el sobrino de Abram que vivía en Sodoma y se llevaron sus pertenencias. Uno de los hombres de Lot escapó y le contó todo a Abram, el hebreo, que vivía cerca del robledo que pertenecía a Mamre, el amorreo. Mamre y sus parientes, Escol y Aner, eran aliados de Abram Génesis 14:11-13.

Cuando hicieron saber a Abram la situación de su sobrino Lot (que fue capturado), movilizó a los 318 jóvenes adiestrados que habían nacido en su casa. Entre ellos había cocineros, jardineros, gente de limpieza, siervos todos de Abram y Sara. Los instruyó y fue a perseguir al ejército de Quedorlaomer, que había capturado a su sobrino. Fue en su búsqueda, les dio alcance, los atacó junto con los aliados de este rey que pertenecían a cuatro diferentes reinos.

Abram recuperó todos los bienes que habían sido tomados, y trajo de regreso a su sobrino Lot junto con sus pertenencias, las mujeres y los demás cautivos Génesis 14:16.

Después de esta victoria de Abram, leemos algo que pocos han entendido en su totalidad —y que hasta estos días sigue siendo una controversia, pero para mí es una verdad que he vivido desde que la leí, la creí y la practico.

Después de que Abram regresó de su victoria sobre el rey Quedorlaomer y todos sus aliados, el rey de Sodoma salió a encontrarse con él en el valle de Save (que es el valle del Rey). Y Melquisedec, rey de Salem y sacerdote del Dios Altísimo, le llevó pan y vino a Abram. Melquisedec bendijo a Abram con la siguiente bendición: 'Bendito sea Abram por Dios Altísimo, creador de los cielos y la tierra. Y bendito sea Dios Altísimo, que derrotó a tus enemigos por ti'. Luego Abram dio a Melquisedec una décima parte de todos los bienes que había recuperado Génesis 14:17-20.

Melquisedec, en hebreo significa "rey de justicia". Fue un notable sumo sacerdote, profeta y líder, cuyo ministerio desarrolló durante los tiempos de Abram. Melquisedec es el prototipo mítico del sacerdote perfecto.

Entre los manuscritos de Qumrán, hay uno llamado Melquisedec y recoge esta figura. Melquisedec es prefiguración de Cristo como rey y sacerdote por los siglos de los siglos. Leemos en Salmo 110:4: *El Señor ha hecho un juramento y no romperá su promesa: Tú eres sacerdote para siempre, según el orden de Melquisedec.*

En el libro de Hebreos, tanto Melquisedec como Cristo, son considerados reyes de justicia y de paz:

Este Melquisedec, rey de Salem y sacerdote del Dios Altísimo, salió al encuentro de Abraham, que regresaba de derrotar a los reyes, y lo bendijo. Abraham, a su vez, le dio la décima parte de todo. El nombre Melquisedec significa, en primer lugar, rey de justicia y, además, rey de Salem, esto es, rey de paz. No tiene ni padre ni madre ni genealogía; no tiene comienzo ni fin, a semejanza del hijo de Dios, permanece como sacerdote para siempre Hebreos 7:1-3.

El escritor de la carta a los Hebreos, revela en estos versículos que el nuevo sacerdocio de Cristo, es superior al antiguo orden levítico y al de Aarón. Abraham recibió la revelación del diezmo en el momento que Melquisedec (figura de Cristo), le dio de su pan, le dio de su vino (sangre) y le declaró esta bendición. Entonces Abraham recibió esta revelación divina de que había una parte de la que él no podía disponer. Por lo tanto, entregó el diezmo de todas las riquezas que había adquirido en oro, plata, telas finas, camellos, esclavos, mujeres, todo lo que había recuperado. Abraham entregó el diezmo a Melquisedec y reconoció al Dios altísimo. Y por primera vez vemos cómo Dios le reveló al hombre este principio espiritual del diezmo.

Desde ese momento en el que Dios llamó a Abraham, judíos y árabes (y todos sus descendientes) fueron instruidos y aprendieron con el ejemplo del patriarca Abraham, sobre el diezmo.

EL PODER DEL DIEZMO

Tengo un amigo pastor, el cual es árabe; en una ocasión llegó de Palestina un primo suyo a visitarlo a California. Su primo asistió a una de sus reuniones, dentro de la liturgia del culto, le llamó la atención que mi amigo antes de levantar la ofrenda y el diezmo, compartió una enseñanza (de unos quince minutos) sobre el porqué diezmar y ofrendar en esta congregación, constituida —en su mayoría— de latinos. Su primo lo escuchó intrigado y con atención, pero, al terminar la reunión, mientras tomaban un café y se comían un cabrito, preguntó:

—Oye, ¿por qué te tomaste un tiempo para hablar a tu congregación sobre el tema de diezmar?, ¿qué no es algo que deberían practicar, de vivir y de hacer, como en nuestra cultura?, ¡es común hacerlo!

—La cultura del occidente es muy diferente a la nuestra.

—Para nosotros, los descendientes de Abraham, es algo que automáticamente hacemos desde que nacemos, no tenemos problema con practicarlo, es parte natural, innata, reforzada por nuestras tradiciones, es algo cultural. Ese

principio nos permite vivir en prosperidad y bienestar en todas nuestras actividades —le dijo su primo.

—A la mayoría de los latinos hay que recordarles siempre por qué hay que practicarlo —le respondió mi amigo árabe y pastor.

Este amigo árabe y su primo, son prósperos sencillamente porque practican este principio espiritual y caminan bajo la bendición de Dios, de los cielos abiertos.

Cuento con varios amigos palestinos, libaneses, nacidos y criados en las regiones de Arabia, (algunos de ellos viven actualmente en Estados Unidos y México), lo común en sus vidas es que son muy prósperos, bendecidos. Hace pocos años durante uno de mis viajes, encontré un libro que llamó mi atención. El libro era la biografía del ingeniero Carlos Slim, un libanés radicado en México —junto con su esposa e hijos. En el año 2008 fue reconocido a nivel mundial como el hombre más rico del mundo.

Al adentrarme en la lectura de su biografía, él describe cómo inició su fortuna. En el libro menciona a detalle cómo a sus escasos ocho años de edad, invirtió un peso que le prestó su padre. Su padre vendía una variedad de granos, entre ellos trigo y maíz. Los mantenía en una bodega donde los almacenaba —a la que acudían decenas de clientes a comprarlos. Carlos Slim, en esa tierna edad, acompañaba a su padre ocasionalmente a dicho lugar, en esas visitas, observó que regularmente los clientes de su padre venían a comprar los costales de granos, acompañados por sus hijos pequeños. Su mente de niño (pero ya visionaria), lo llevó a poner atención en algo: en la inmensa bodega que su padre rentaba, no existía lugar que interesara a los niños para pasar el tiempo; acompañaban a sus padres porque seguramente no tenían dónde dejarlos. Entonces Carlos Slim pensó: *Aquí hace falta un puesto de dulces* y puso manos a la obra. Se acercó a su padre y le propuso algo que de inmediato atendió su padre.

Pidió a su papá un préstamo de tan sólo un peso, que en ese tiempo tenía otro poder adquisitivo al actual y era suficiente para la inversión que quería hacer.

Con ese peso y con la visión increíble que ya poseía, muy entusiasmado compró lo que sería el equivalente a un galón de caramelos. Pidió permiso a su papá para poner una mesita en la entrada de la bodega y así vender sus caramelos a los niños de los clientes. Para su sorpresa, sólo le bastó medio día para vender todos los caramelos. Lo que él relata en este libro, es que lo primero que hizo, fue sacar el préstamo que le había solicitado a su padre, después de pagar el préstamo, sacó un diez por ciento, él le llama "inversión para la vida" y lo llevó a la mezquita donde solían reunirse.

Es sabido que grandes personajes de la historia (y de la actualidad), tuvieron (y tienen) por costumbre apartar el diez por ciento de sus ganancias y mencionan que para ellos es "regresar a la vida lo que la vida les ha dado".

Hombres (en la misma condición que Slim), ricos, millonarios, poderosos alrededor del mundo, lo practican. Warren Buffet y Bill Gates, dos de los hombres más ricos y conocidos del mundo, lo practican y enseñan. Bill Gates (que se autonombra ateo), practica el principio espiritual del diezmo, regresando a la vida, lo que la vida le ha permitido lograr económicamente. Estos tres personajes, por muchos años han sido considerados dentro de los hombres más influyentes, poderosos y millonarios del mundo. Carlos Slim ha llegado a ser considerado uno de los hombres más ricos y poderosos no sólo de México, sino del mundo. Deberíamos tomarlo como un ejemplo de vida. Desde su primera inversión (de tan sólo un peso) destinó el diez por ciento para Dios o para la vida —como le llama. Un claro ejemplo de que practicar este principio, reditúa. De lo que ganó en su inversión (él menciona en su biografía), tomó otro diez por ciento de salario para él y sacó otro diez por ciento de ahorro. El 70 por ciento restante, lo siguió reinvirtiendo.

Durante su vida y negocios, Carlos Slim se ha conducido bajo ese mismo principio. El diez por ciento de la vida, el diez de su salario, el diez de ahorro; con el resto hace un sinfín de inversiones en varios rubros. Cada una de esas decisiones lo ha llevado a lograr (hasta la actualidad), todo lo que se ha propuesto. Hoy por hoy, genera empleos a más de medio millón de familias en México y alrededor de un millón de familias en toda Latinoamérica.

UNA HISTORIA REAL DETRÁS DEL DOLOR DE DAR

En mis recientes décadas en los negocios que he realizado (que no han sido pocos) y con muchos años ya de pastor, trato con todo tipo de personas dentro del entorno donde Dios ha permitido moverme, he visto algo que es muy común y que no debería serlo: cientos y miles de personas que ganan 100 dólares, no les duele dar 10 dólares de diezmo. Cuando su sueldo o ganancias ascienden a 200 dólares y el porcentaje de diezmos para dar es de 20 dólares, tampoco objetan; en cuanto el fruto de su trabajo los lleva a ganar 500 y tiene que poner en un sobre 50 dólares, lo hacen sin mucho problema. Pero, ¿qué sucede cuando ganan 1000 dólares por semana? ¿Qué es lo que he visto?, ya no dan con tanta facilidad 100 dólares de diezmo.

Escuché la historia de un pastor (algo que es más común de lo que pensamos), cuenta que llegó un joven a su iglesia (como muchos de los recién llegados de México a trabajar a los Estados Unidos), no tenía dónde vivir, no tenía trabajo, malcomía, malvivía. El pastor le ofreció hospedaje en uno de los cuartos de la iglesia. Le consiguió un trabajo de ayudante de jardinería y lo hizo sentir como en casa. Por supuesto, dicho joven se alegró y agradeció al pastor tan grande consideración.

El primer día de trabajo ganó 20 dólares, fue con el pastor muy contento y le contó lo que había ganado, el pastor le dijo: *Te voy a dar una instrucción, si quieres prosperar, saca el diezmo de esos veinte dólares, que son 2 dólares.* El muchacho con gusto lo hizo. A la semana, le subieron el sueldo a 30 dólares por día, preguntó al pastor si daba igual 2 dólares o tenía que dar 3. El pastor le explicó detalladamente lo que era el diezmo. El muchacho no tuvo ningún problema en sacar los 3 dólares diarios de los 30 que ganaba.

Así lo estuvo haciendo por un mes. Al siguiente mes le subieron el sueldo a 40 dólares al día. Como ya había entendido el principio del diezmo, no tenía problema en sacar los 4 dólares al día, así lo hizo por algunos meses. Este joven esforzado y perseverante, aprendió bien el oficio de jardinero, pasó de ser ayudante a estar sobre un grupo de empleados que el patrón le asignó.

Su nuevo sueldo sería de 100 dólares al día. El porcentaje de diezmo ahora era de 10 dólares diarios. La bendición y prosperidad por el fruto de su trabajo, continuaba. A los pocos años inició su propia compañía de jardinería, donde ya ganaba suficiente dinero para vivir cómodamente. La primera vez que ganó 1000 dólares, ya con su compañía, fue con el pastor y le dijo:

—*Pastor, ore por mí; porque cuando ganaba 20 dólares, no me dolía día dar 2 dólares; cuando ganaba 50, no me dolía dar 5; cuando ganaba 100, no me dolía dar 10; cuando ganaba 500, me empezaba a doler un poco dar 50; pero ahora que ganó 1000, me duele dar 100. Ore por mí para que se me quite este dolor.*

—*Oraré por ti, híncate ahí* —le dijo el pastor.

Cuando se arrodilló, el pastor puso sus manos sobre la cabeza del muchacho y empezó a orar así:

—*Señor te pido que por favor lo regreses a ganar 20 dólares al día a este joven, para que se le quite el dolor que ahora tiene…*

El Joven interrumpió:

—*Pastor, ¿por qué ora de esa manera?* —le dijo el joven.

—*Quiero que Dios te quite ese pesar. Cuando ganabas 20 dólares, no te dolía diezmar 2 dólares y ahora que ganas 1000, te duele dar 100. La única manera de que se te quite el dolor que te agobia, es que el Señor te regrese a ganar 20 dólares al día.*

Esto puede sonar como algo simpático, pero fue algo que pasó en la vida real. Esta historia la he visto repetirse una, otra y otra vez con gente que cuando ganaba poco, no tenía el mínimo problema con dar el diezmo de lo poco, pero la fidelidad de lo poco los llevó a ganar una mayor cantidad de dinero.

Si Dios ha sido bueno y ha prosperado la vida del diezmador, no debería dolerle dar dos dólares cuando recibe poco ni tampoco dolerle cuando da cien dólares.

El principio del diezmo, tiene el mismo efecto cuando lo practicas como un estilo de vida, porque has comprendido la bendición de los cielos abiertos por practicarlo y obedecer esta ordenanza.

Traed todos los diezmos al alfolí y haya alimento en mi casa; y probadme ahora en esto, dice Jehová de los ejércitos, si no os abriré las ventanas de los cielos, y derramaré sobre vosotros bendición hasta que sobreabunde Malaquías 3:10.

Si leemos detenidamente, veremos que dice *las ventanas de los cielos*, no dice *la ventana*. Está escrito en plural, dice literalmente las ventanas, las compuertas de los cielos.

Dios está afirmando, dando su palabra y su palabra eterna, no falla.

Te voy a prosperar en cada área de tu vida: en la salud, en lo espiritual, en tu vida emocional, en tu vida familiar, en tus relaciones y en lo económico; esto que recibirás de parte de Dios es consecuencia de una vida obedeciendo y honrando a Dios con tus diezmos.

Es innegable que podemos verlo con claridad en la vida de Abraham: él empezó a enriquecerse de tal manera, que llegó a ser el hombre más rico de su tiempo.

No sólo fue bendecido económicamente, sino que fue prosperado en todo lo que hacía, y como leemos en las Escrituras: *murió en buena vejez*.

Abraham vivió ciento setenta y cinco años, y murió en buena vejez, luego de una vida larga y satisfactoria. Dio su último suspiro y se reunió con sus antepasados al morir Génesis 25:7.

Abraham caminaba bajo cielos abiertos. Sus hijos, sus nietos y sus generaciones, han practicado este principio espiritual del diezmo y han sido bendecidos en gran manera.

La descendencia de Abraham es sólo el 3% de la población mundial y controlan el 97% de la economía del mundo.

A continuación, escudriñemos en detalle lo que hizo uno de los nietos de Abraham.

CAPÍTULO III
JACOB Y EL DIEZMO

Luego Jacob hizo el siguiente voto: "Si Dios en verdad está conmigo y me protege en este viaje, y si él me provee de comida y de ropa, y si yo regreso sano y salvo a la casa de mi padre, entonces el Señor ciertamente será mi Dios. Y esta piedra que levanté como columna conmemorativa será un lugar de adoración a Dios, y yo le daré a Dios una décima parte de todo lo que él me dé" Génesis 28:20-22.

Jacob: nieto de Abraham, hijo de Isaac y Rebeca; padre de los fundadores de las tribus de Israel; su nombre significa suplantador, engañador, usurpador; en sus primeras décadas de vida hizo honor a su nombre, la historia bíblica no deja lugar a dudas. Todo esto, antes de su pelea con el ángel con el que luchó y que le cambió el nombre a Israel, que significa "el que pelea con Dios".

Entonces Jacob se quedó solo en el campamento, y llegó un hombre y luchó con él hasta el amanecer. Cuando el hombre vio que no ganaría el combate, tocó la cadera de Jacob y la dislocó. Luego el hombre le dijo: ¡Déjame ir, pues ya amanece! —No te dejaré ir a menos que me bendigas —le dijo Jacob. ¿Cómo te llamas? —preguntó el hombre —Jacob —contestó él. Tu nombre ya no será Jacob —le dijo el hombre— de ahora en adelante, serás llamado Israel, porque has luchado con Dios y con los hombres, y has vencido Génesis 32:24-28.

Jacob, el futuro patriarca de Israel, conocía el principio espiritual del diezmo, porque su padre Isaac y su abuelo Abraham, lo habían trasmitido desde antes de su nacimiento.

El tema del diezmo, por lo tanto, no era ajeno para él, era parte de su diario vivir, de enseñanza familiar, parte intrínseca de su alma. Jacob no sólo conocía el principio del diezmo perfectamente, sino lo que la primogenitura significaba —de eso hablaré también en este capítulo. Como era astuto, observador, analítico, pretencioso, también conocía el poder de la bendición del padre al primogénito. Como leemos en las Escrituras, él no era el primogénito, sino su hermano Esaú. Cuando Isaac estaba ya anciano y ciego, Jacob se alió con su madre para arrebatarle la bendición de la primogenitura a su hermano Esaú. Entre los dos planearon una estrategia de cómo hacerlo. Si leemos con atención, veremos que el pleito entre Esaú y Jacob principió en el vientre de su madre.

Isaac rogó al Señor a favor de su esposa, porque ella no podía tener hijos. El Señor contestó la oración de Isaac, y Rebeca quedó embarazada de mellizos. Pero los niños luchaban entre sí dentro de su vientre... Génesis 25:21-22.

Las Escrituras describen el hecho a detalle. Madre e hijo astutamente planearon engañar a Isaac, padre de los mellizos Esaú y Jacob.

Cierto día, cuando Isaac ya era viejo y se estaba quedando ciego, llamó a su hijo mayor, y le dijo: Hijo mío —¿Sí, padre?, respondió Esaú— ya soy hombre viejo —dijo Isaac— y no sé cuándo moriré. Toma tu arco y una aljaba llena de flechas, y sal al campo abierto a cazar un animal para mí. Prepara mi comida preferida y tráemela aquí para que la coma. Entonces pronunciaré la bendición que te pertenece a ti, mi primer hijo varón, antes de que yo muera. Rebeca oyó lo que Isaac le había dicho a su hijo Esaú... Génesis 27:1-5.

Al escuchar esto de parte de su esposo, Rebeca, la madre de Jacob, lo llamó y le describió a su hijo menor todo lo que escuchó decir a su padre Isaac —sobre bendecir a su hermano Esaú, con la primogenitura.

Leemos versículos posteriores, las indicaciones de la madre de Jacob y la maquinación de ejecutar un plan para que engañara a su padre, haciéndose pasar por su hermano y robar así la primogenitura. Asesorado por su madre, continuó con el plan perverso para el engaño. Su madre le dijo: *Haz lo que te digo*. Jacob estaba temeroso de que su padre lo descubriera y maldijera:

Pero su madre respondió: ¡Entonces que la maldición caiga sobre mí, hijo mío! Tú simplemente haz lo que te digo. ¡Sal y tráeme los cabritos! Génesis 27:13.

¿Qué les parece esta historia macabra y muy bien detallada? ¡Increíble, pero cierto! Todo un relato para una serie de televisión en la actualidad.

Jacob entró al juego y puso manos a la obra. Su madre preparó la comida que él presentaría a su padre. Rebeca continuó con lo planeado: tomó las ropas favoritas de Esaú, cubrió los brazos y cuello de Jacob con la piel de los cabritos ejecutados. Todo fraguado con precisión.

Como Rebeca imaginaba: ¡su esposo cayó en la trampa! El momento de ejecutar el plan, debió provocar suma tensión y nerviosismo en ambos. El temor de Jacob era más que evidente al entrar a la presencia de su padre. Cuando Jacob entró al aposento de su padre, inició un diálogo entre ambos.

En un punto de la charla entre Isaac y Jacob, Isaac dudó de si quien estaba en su presencia era su hijo primogénito, y le preguntó: ¿De verdad eres mi hijo Esaú?, a las afirmaciones constantes de Jacob (de que sí era Esaú), aunado a la poca visión del viejo patriarca Isaac, por fin comió el cabrito y bendijo a Jacob.

Así que Jacob se le acercó y le dio un beso. Entonces Isaac, al sentir el olor de la ropa, finalmente se convenció y bendijo a su hijo diciendo: ¡Ah! ¡El olor de mi hijo es como el olor del campo, que el Señor ha bendecido! Del rocío de los cielos y la riqueza de la tierra, que Dios te conceda siempre abundantes cosechas de grano y vino nuevo en cantidad. Que muchas naciones sean tus servidoras y se inclinen ante ti. Que seas el amo de tus hermanos, y que los hijos de tu madre se inclinen ante ti. Todos los que te maldigan serán malditos, y todos los que te bendigan serán bendecidos Génesis 27:27-29.

Isaac declaró la bendición sobre su hijo Jacob, creyendo que era el primogénito; esa bendición ¡era irreversible y eterna! La bendición al primogénito, era tan poderosa que, una vez que la bendición patriarcal y la de la primogenitura eran dadas, no se la podía ceder a alguien más. Las bendiciones del primogénito son las bendiciones mayores que hay de parte de Dios para un ser humano; son las bendiciones reservadas en el cielo para todos los primogénitos. El estado y posición del primogénito es muy importante en la Biblia.

Todo primer nacido, sea humano o animal, que se ofrece al Señor, será tuyo; pero siempre tendrán que redimir a los primeros hijos varones y a las primeras crías de los animales ceremonialmente impuros Números 18:15.

Bajo las leyes de heredad bíblicas, el primogénito tiene por derecho doble porción de la herencia, también toma el papel de líder en la familia, teniendo autoridad sobre sus hermanos. La bendición recibida, haría a Jacob padre de millones, sería próspero; la bendición seguiría por generaciones, su descendencia gobernaría sobre la tierra.

Aquella bendición que recibió Jacob, actualmente aún es palpable y real, su descendencia gobierna el mundo. El dueño del banco mundial, es descendiente de Jacob. Los propietarios de la mayoría de los bancos del mundo, también son descendencia de Jacob.

Una vez que Jacob recibió toda esa bendición, ¡salió de la presencia de Isaac! Lo planeado por madre e hijo, salió a la perfección.

Jacob salió de la presencia de su padre, complacido y satisfecho porque había logrado el cometido. El propósito de Rebeca, de Jacob y de Dios mismo, se cumplió. Desplazó a su hermano mayor, tomando una posición más alta, como amo y señor de su hermano.

Después de este acontecimiento y de que el plan fue descubierto por Esaú, las cosas se pusieron, como dice el dicho, ¡color de hormiga!

La vida del usurpador dio un giro de 180 grados. Su vida corría peligro, se llenó de temor y su madre volvió a intervenir. Su hermano mayor no dejaría las cosas así.

Después de que Jacob salió de la presencia de su padre, entró su hermano Esaú.

En cuanto Isaac terminó de bendecir a Jacob y casi antes de que Jacob saliera de la presencia de su padre, Esaú regresó de cazar. Preparó una comida deliciosa y se la llevó a su padre. Entonces dijo: Levántate, padre mío, y come de lo que he cazado, para que puedas darme tu bendición. Pero Isaac le preguntó: ¿Quién eres tú? Soy tu hijo, tu hijo mayor, Esaú, contestó. Isaac comenzó a temblar de manera incontrolable y dijo: ¿Entonces quién me acaba de servir lo que cazó? Ya he comido, y lo bendije a él poco antes de que llegaras, ¡y esa bendición quedará en pie! Génesis 27:30-33.

Esaú, al darse cuenta de lo que su hermano menor había hecho, ¡gritó!, vociferó, se llenó de amargura y planeó la venganza.

Cuando Esaú oyó las palabras de su padre, lanzó un grito fuerte y lleno de amargura. Oh, padre mío, ¿y yo? ¡Bendíceme también a mí! le suplicó. Pero Isaac le dijo: Tu hermano estuvo aquí y me engañó. Él se ha llevado tu bendición Génesis 27:34-35.

La indignación de Esaú era mucha. La rabia contra su hermano duró muchos años. Había sido robado, estafado, burlado por su hermano menor y eso, ¡no quedaría así! Esaú, conociendo la bendición de la primogenitura, le suplicó a su padre, Isaac le dijo a su hijo Esaú: "*Fui engañado por tu hermano y le he declarado toda la bendición que a ti te tocaba*".

Jacob era un vil engañador, imposible no verlo en estos versículos. La insistencia de Esaú a su padre, para que lo bendijera con tan sólo un poco de la bendición del primogénito, no creo que haya sido poca. Pero como le dijo su padre: ya era demasiado tarde.

Toda la bendición fue declarada sobre tu hermano y lo he puesto a él como tu amo. Génesis 27:37.

Esaú, lleno de impotencia y enloquecido, salió de la presencia de su padre y lo único que estaba en su cabeza, era cobrar venganza. Desde ese instante hizo un plan, pero un plan siniestro: matar a su hermano. La serie continuó, el final iba a convertirse en tragedia.

Rebeca, madre de estos mellizos y alcahueta de su hijo Jacob, escuchó los planes de Esaú y ante el temor de un final no feliz, de nuevo maquinó algo, ahora para librar a su hijo Jacob de los planes de su hermano. Entonces al enterarse de lo que su hijo Esaú (enfurecido) tramaba y al ver la determinación de acabar con su hermano, fue en busca de su hijo Jacob y le contó lo que su hermano estaba tramando, le dijo que "tenía que huir":

Escucha, Esaú se consuela haciendo planes para matarte. Así que, hijo mío, presta mucha atención. Prepárate y huye a casa de mi hermano Labán, en Harán. Quédate ahí con él hasta que tu hermano se calme. Cuando él se haya calmado y olvide lo que hiciste, mandaré a buscarte para que regreses. ¿Por qué tendría que perder a los dos hijos en un solo día? Luego Rebeca le dijo a Isaac: ¡Estoy harta de estas mujeres hititas de aquí! Preferiría morir antes que ver a Jacob casado con una de ellas Génesis 27:42-46 NTV.

Jacob emprendió su huida, porque temía que su hermano, después de lo sucedido, lo buscaría hasta encontrarlo y cumplir su cometido, ¡matarlo! Esaú se enteró de que su hermano había salido huyendo. Después de un largo recorrido, Jacob llegó a Harán —que significa "tierra árida".

Antes de llegar a casa de su tío, se dispuso a descansar; encontró una piedra que tomó como almohada y tuvo una experiencia sobrenatural la cual marcaría su vida y la del pueblo de Israel —a futuro.

Mientras tanto, Jacob salió de Beerseba y viajó hacia Harán. A la caída del sol, llegó a un buen lugar para acampar, y se quedó allí a pasar la noche. Jacob encontró una piedra donde reposar su cabeza y se acostó a dormir. Mientras dormía, soñó con una escalera que se extendía desde la tierra hasta el cielo, y vio ángeles de Dios que subían y bajaban por ella. En la parte superior de la escalera estaba el Señor, quien le dijo: Yo soy el Señor, Dios de tu abuelo Abraham, y Dios de tu padre Isaac. La tierra en que estás acostado te pertenece. Te la entregó a ti y a tu descendencia. ¡Tus descendientes serán tan numerosos como el polvo de la tierra! Se esparcirán en todas direcciones: hacia el oriente y el occidente, hacia el norte y el sur; y todas las familias de la tierra serán bendecidas por medio de ti y tu descendencia. Además, yo estoy contigo y te protegeré donde quiera que vayas. Llegará el día en que te traeré de regreso a esta tierra. No te dejaré hasta que haya terminado de darte lo que te he prometido. Entonces Jacob se despertó del sueño y dijo: ¡Ciertamente el Señor está en este lugar, y yo ni me di cuenta!; pero también tuvo temor y dijo: ¡Que temible es este lugar! No es ni más ni menos que la casa de Dios, ¡La puerta misma del cielo! A la mañana siguiente, Jacob despertó muy temprano y erigió como columna conmemorativa la piedra en la que había reposado la cabeza y después derramó aceite de oliva sobre ella. Llamó al lugar Betel (que significa "Casa de Dios"), aunque antes se llamaba Luz. Luego Jacob hizo el siguiente voto:

Si Dios en verdad está conmigo y me protege en este viaje, y si él me provee de comida y de ropa, y si yo regreso sano y salvo a casa de mi padre, entonces el Señor ciertamente será mi Dios. Y esta piedra que levanté como columna conmemorativa será un lugar de adoración a Dios, y yo le daré a Dios una décima parte de todo lo que me dé Génesis 28:10-22.

La transcripción de estos versículos de Génesis 28 nos detalla este evento. En este capítulo encontramos específicamente el voto que Jacob hizo directamente con Dios. Haré referencia a cinco peticiones de las que Jacob hizo.

1. SI DIOS ESTÁ CONMIGO

Si Dios en verdad está conmigo, verso 20. Lo primero que encontramos aquí, es la importancia de la presencia de Dios para Jacob y que él sabía que necesitaría como compañía en el largo viaje que iba a emprender. Cuando por fin llegó a la tierra de su madre, se encontró con su pariente Labán;

fue recibido de buena manera. En el capítulo 29, vemos que Labán recibió a su sobrino.

Su tío tenía dos hijas. No sabemos exactamente cuánto tiempo fue la estancia de Jacob con su tío, pero se enamoró perdidamente de una de ellas; ni tardo ni perezoso, hizo un trato con su tío para trabajar durante siete años por su hija (menor) y casarse con ella. Para Jacob, siete años ¡no fueron nada!, estaba realmente enamorado de Raquel. Al cumplirse los siete años, en la noche de bodas, como dice el dicho: "le dieron gato por liebre". Su tío, tramposo, le entregó a su hija Lea —la mayor.

Cuando Jacob se dio cuenta de tal engaño (de que no era la mujer por quien había hecho el trato, por quien había trabajado arduamente), fue y le reclamó a su tío y suegro: *por qué le había entregado otra mujer por esposa*. Labán le pidió a Jacob que trabajara para él otros siete años. Para esto, ya habían transcurrido siete años en los que Labán lo tenía casi como su esclavo. Una vez que le fue entregada la hija menor y pasados los siete años, cansado ya de la condición de vida con su tío Labán, lo siguiente que hizo fue independizarse. Labán le rogó que no se fuera, que permaneciera a su lado. El astuto y estafador de Labán, le propuso un trato más y preguntó:

Señálame tu salario, y yo lo daré. Y él (Jacob) respondió: Tú sabes cómo te he servido, y cómo ha estado tu ganado conmigo. Porque poco tenías antes de mi venida, y ha crecido en gran número, y Jehová te ha bendecido con mi llegada; y ahora, ¿cuándo trabajaré también por mi propia casa? Génesis 30:28-30 RVR1960

Sí, ¡durante veinte años trabajé como un esclavo en tu casa! Trabajé catorce años para ganarme a tus dos hijas y, después, seis años más por tu rebaño. ¡Y cambiaste mi salario diez veces! Génesis 31:41 NTV

Labán (significa "opresor"), le rogó diciéndole: *No te vayas, no me dejes, porque cuando llegaste, poco tenía y desde que tú estás conmigo, he prosperado considerablemente, me he enriquecido como nunca pensé, porque me he dado cuenta que Dios está contigo.* (Parafraseando Génesis 30:27)

Jacob había hecho un pacto con Dios, diciéndole: *Si tengo tu presencia, si me acompañas, entonces este pacto hago contigo*, y el Dios de Abraham e Isaac, aceptó el trato de que su presencia y bendición, estarían con él. Jacob quería refirmar y asegurar que la presencia de Dios estaría con él, porque eso era garantía de vida. Su mismo tío suegro reconocía la presencia de Dios en Jacob —por la forma en que él mismo había sido bendecido y prosperado durante el tiempo que Jacob estuvo viviendo en su casa.

Sus riquezas considerablemente habían aumentado. Nosotros lo hemos experimentado cuando estamos conscientes de que tenemos su presencia y que Él va con nosotros a todas partes, todo lo que hacemos, prospera. Hay gente que se queja y dice: *Lo único que tengo o lo único que me queda, es Dios*; si lo único que tienes es Dios, ¡es todo lo que necesitas!

2. SI DIOS ME PROTEGE

En este mismo verso 20, vemos la segunda cosa que Jacob le pidió a Dios: *Si Dios me protege en este viaje*. Aquí vemos que Jacob está demandando protección. Estamos conscientes de que cuando la presencia de Dios está con nosotros, por ende, tenemos su protección; Jacob quería asegurarse de esa protección porque sabía que su hermano Esaú lo perseguía para matarlo.

Mientras él viajaba, iba preocupado; el temor de que en cualquier momento su hermano le diera alcance o que algún día lo encontrara, era grande. Jacob quería estar completamente seguro de la protección de Dios sobre su vida. Todo eso que Jacob estaba pasando, era un proceso de Dios para su vida. Dios se lo había prometido, era un compromiso que Dios había hecho con su abuelo Abraham y su padre Isaac. Ahora, Jacob reclamaba la misma protección para él.

Si leemos con detenimiento la historia de Jacob, veremos cómo la protección de Dios siempre permaneció con él. Su tío, aunque por un tiempo se aprovechó de él, lo recibió en su casa, lo hospedó, le confió un espacio para que estuviera confortable. Dios jamás lo abandonó.

En el largo viaje lo protegió de las fieras, de ser asaltado —y que le robaran lo poco que llevaba. La protección y fidelidad de Dios, lo guardó de todo mal. Esa es la garantía que también nosotros tenemos de parte de Dios.

3. SI DIOS ME PROVEE

Si Él me provee de comida. El pacto que Jacob hizo con Dios, fue muy específico: le pidió su provisión, esa que jamás termina. Jacob no sólo enriqueció a su suegro, sino que se enriqueció aún más que su suegro mientras estuvo trabajando para él.

Jacob, (cuya descendencia de los hijos que tuvo con Raquel y Lea, años después se convertiría en *el pueblo de Israel*), sabía que como patriarca requeriría de la provisión de Dios para él y su ya no tan pequeña familia y siervos. Es en medio de todo esto que entra aquí ¡la increíble vida de su hijo José! y los planes de Dios para la provisión demandada cuando estuvo con su tío, ¡muchos años después!, no sólo para él, sino para el futuro de su descendencia. La historia bíblica nos relata (y la historia universal, también), que en aquellos años cuando José era el segundo del Faraón, hubo una gran sequía en toda la tierra.

Jacob, al enterarse que tenía como única opción enviar a sus hijos a Egipto (que era la potencia económica en esos años), no le quedó otra opción, que mandar a sus hijos hasta la lejana tierra de Egipto a comprar comida, para no morir de hambre él y su familia. La historia de José (vendido por sus hermanos), comienza a tener sentido y por qué Dios lo permitió.

En Génesis 37, encontramos el relato de este acontecimiento trascendental. La historia bíblica nos describe que Jacob mandó a sus diez hijos a Egipto, por alimento. Cuando estos se presentan delante de su hermano, ellos no le reconocieron —pero José sí. Luego él les reveló que era el hermano que ellos habían vendido como esclavo —y ahora tenía una posición de suma importancia en Egipto. Lo primero que José hizo, fue preguntarles por su padre. Sus hermanos, avergonzados por lo que habían hecho, le contaron la condición de su padre. Después de una serie de acontecimientos entre José y sus hermanos (relatados en Génesis), leemos que se reconciliaron; mandó traer a su padre y a toda la casa de su padre. A su familia le entregó la tierra de Gosén, que era la región de Egipto más productiva en ganado, agricultura y oro, ahí es donde terminaron los días de Jacob, viendo el cumplimiento de lo que le había pedido a Dios. *Si me das tu provisión, si me das de comer*, era otro de los acuerdos de aquel encuentro y pacto. El Dios eterno que no falla a sus promesas, le cumplió a Jacob el voto que le había hecho. Fue en Egipto donde la pequeña familia del patriarca Jacob, se convirtió en una gran nación.

Entonces Jacob emprendió el viaje a Egipto con todas sus posesiones. Y cuando llegó a Beerseba, ofreció sacrificios al Dios de su padre Isaac. Durante la noche, Dios le habló en una visión. ¡Jacob! ¡Jacob! —lo llamó. Aquí estoy, respondió Jacob. Yo soy Dios, el Dios de tu padre —dijo la voz. No tengas temor de descender a Egipto, porque allí haré de tu familia una gran nación. Yo descenderé contigo a Egipto y te volveré a traer. Morirás en Egipto, pero José estará contigo para cerrar tus ojos Génesis 46:1-4.

4. VESTIDO

Esta fue la cuarta cosa que Jacob le pidió a Dios. *Si tú me vistes*, fue la petición. Esto puede sonar un poco insignificante, pero qué importante es estar seguro de que durante nuestra jornada en la vida, siempre tendremos qué vestir, ya sea que usemos ropa de marca o prefiramos ropa económica.

El vestido representa riqueza, posición, buen testimonio de que tenemos a un Dios que se hace cargo de nosotros. Lo contrario al buen vestir, es la desnudez, porque la desnudez representa vergüenza, miseria y pobreza. El vestido, es la afirmación de que Dios, hasta en esos detalles (que pueden parecer insignificantes), cuida de sus hijos.

Es el propio Jesucristo quien en su ministerio en la tierra, les dice a sus seguidores.

Por eso les digo que no se preocupen por la vida diaria, si tendrán suficiente alimento y bebida, o suficiente ropa para vestirse. ¿Acaso no es la vida más que la comida y el cuerpo más que la ropa? Miren los pájaros. No plantan ni cosechan ni guardan comida en graneros, porque el Padre celestial los alimenta. ¿Y no son ustedes para él mucho más valiosos que ellos? ¿Acaso con todas sus preocupaciones pueden añadir un solo momento a su vida? Y ¿por qué preocuparse por la ropa? Miren cómo crecen los lirios del campo. No trabajan ni cosen su ropa; sin embargo, ni Salomón con toda su gloria se vistió hermoso como ellos. Si Dios cuida de manera maravillosa a las flores silvestres que hoy están y mañana se echan en el fuego, tengan por seguro que cuidará de ustedes. ¿Por qué tienen tan poca fe? Mateo 6:25-30.

5. PAZ

La quinta cosa que Jacob le pidió a Dios, fue paz. *Y si regreso en paz a casa de mi padre*. Unos capítulos más adelante, en el libro de Génesis, vemos cómo Esaú fue al encuentro de Jacob. Cuando Jacob se enteró de que su hermano iba hacia él, se llenó de temor. Era más que normal que Jacob tuviera dudas y temor, parecía que el pasado por fin lo había alcanzado. En la mente y recuerdos de Jacob, estaba lo que había acontecido entre su hermano y él, parecía que el tiempo de la venganza de su hermano, estaba cerca.

Cuando Esaú se acercó y vio la cara de temor de su hermano, le dijo: *No temas, no te voy a matar*, se abrazaron cálidamente. Compartió Esaú con su hermano Jacob, gran parte de la riqueza: esclavos, ganado y todo lo que tenía apartado para su hermano. Esaú lo invitó a volver a casa de su padre, en paz. Aquí vemos que la quinta cosa que Jacob le pidió a Dios, se cumplió. Dios es Dios de pactos y promesas: Presencia, protección, provisión, vestido y paz.

Dios no es un hombre, por lo tanto, no miente. Él no es humano, por lo tanto, no cambia de parecer. ¿Acaso alguna vez habló sin actuar? ¿Alguna vez prometió sin cumplir? Escucha, yo recibí la orden de bendecir; ¡Dios ha bendecido, y yo no puedo revertirlo! Ninguna desgracia está en su plan para Jacob; ningún problema espera a Israel. Pues el Señor su Dios está con ellos; él ha sido proclamado su rey Números 23:19-21.

Jacob lo declaró:

El Señor ciertamente será mi Dios y esta piedra que levanté como columna conmemorativa, será un lugar de adoración a Dios y yo le daré a Dios el diezmo de todo lo que me dé Génesis 28:22.

Aunque muchos teólogos dicen que Jacob condicionó a Dios para dar el diezmo en este versículo; no importa cómo lo interpreten los teólogos, los doctos e indoctos, ¡Jacob cumplió con Dios y Dios con él! Qué importante fue para Jacob la práctica del principio espiritual del diezmo.

Dios y Jacob cumplieron lo pactado. El final de los días de Jacob y su descendencia, fue de paz y abundancia por casi 400 años.

Entonces, ¿el Dios del antiguo pacto es diferente al de hoy? ¿Qué quiere Dios de nosotros? Descúbrelo en las páginas del próximo capítulo...

CAPÍTULO IV
EL DIOS DEL ANTIGUO PACTO Y DEL NUEVO PACTO

Porque yo Jehová, no cambio; por esto, hijos de Jacob, no habéis sido consumidos. Desde los días de vuestros padres os habéis apartado de mis leyes, y no las guardasteis. Volveos a mí, y yo me volveré a vosotros, ha dicho Jehová de los ejércitos. Mas dijisteis: ¿En qué hemos de volvernos? ¿Robará el hombre a Dios? Pues vosotros me habéis robado. Y dijisteis: ¿En qué te hemos robado? En vuestros diezmos y ofrendas. Malditos sois con maldición, porque vosotros, la nación toda, me habéis robado. Traed todos los diezmos al alfolí y haya alimento en mi casa; y probadme ahora en esto dice Jehová de los ejércitos, si no os abriré las ventanas de los cielos, y derramaré sobre vosotros bendición hasta que sobreabunde Malaquías 3:6-10.

"Porque yo el Señor no cambio. Por esto, hijos de Jacob, no han sido consumidos". Para las personas que argumentan que el diezmo es un asunto de la ley y que aplica sólo en el antiguo pacto, aquí nos encontramos una *verdad*

eterna donde con claridad Dios dice que Él no cambia; la hizo *un verso* antes de exhortarnos sobre el diezmo y las ofrendas. En este pasaje podemos encontrar de nuevo que el diezmo no solo fue para los tiempos del antiguo pacto o del nuevo pacto. Es palabra eterna de Dios. En cierta ocasión que yo regresaba a mi casa luego de un largo viaje, recibí una llamada de una estación de radio de la ciudad de Phoenix, Arizona —donde he radicado por décadas. Estaba instalándome para descansar un momento, cuando entró la llamada a mi celular. El punto es que me estaban haciendo una invitación a hablar sobre el diezmo en una estación de radio cristiana —a lo cual accedí. No me especificaron más.

Ya entrados en la charla, me di cuenta que había otros invitados al programa; más que una entrevista o algo similar, era un debate sobre el tema de los diezmos. La primera pregunta de la persona que defendía la postura de que el diezmo no aplicaba a nuestros tiempos, fue:

—Dígame, pastor Diego, ¿en qué parte del Nuevo Testamento dice que debemos diezmar?

La verdad, yo no me esperaba esa pregunta tan de repente —y un tanto retadora. Pero le respondí con otro reto a quien me lo hizo:

—Mejor usted deme un verso del Nuevo Testamento donde diga que no debemos diezmar.

La persona que me hizo la pregunta era un misionero y no

le pareció mi respuesta (estábamos al aire, por supuesto). Su reacción de molestia fue muy obvia y exclamó:

—*Le exijo una respuesta inteligente.*

—*Mejor dejaré que las Escrituras le respondan de manera inteligente. En las Escrituras leemos: "Porque yo Jehová, no cambio". En ese versículo la Biblia no especifica que el Dios del antiguo pacto, sea otro al del nuevo pacto. De hecho usted y yo, sabemos eso* —le respondí.

Él quería una respuesta inteligente ¡y se la di!, qué mejor forma de responderle a quien tiene preguntas acerca de Dios, que con la propia Palabra. El misionero en su ira, frustración e impotencia, empezó a insultarme; tal vez esperaba todo un argumento defendiendo una postura personal, me imagino que su plan era avergonzarme ante todo el auditorio —y no estaba logrando su propósito.

Como resultado, los otros invitados (en el debate) y yo, nos quedamos callados, él hizo lo que no esperábamos: se retiró muy molesto y exaltado. Desde el capítulo primero de Génesis, verso uno, leemos de la eternidad de Dios: *En el principio creó Dios los cielos y la tierra.* No es casualidad que la Biblia en estas primeras líneas, declare la eternidad de Dios. Hay una frase que alguna vez leí: "Dios no existe, Dios es". Dios no es un ser creado, Él es desde la eternidad. Nuestro Dios creó el principio. Les voy a compartir una serie de versos que hablan de la eternidad de Dios:

Tu nombre, oh Señor, permanece para siempre; tu fama, oh Señor, se conoce en cada generación Salmo 135:13.

Pues nos ha nacido un niño, un hijo se nos ha dado; el gobierno descansará sobre sus hombros, y será llamado: Consejero, Maravilloso, Dios Poderoso, Padre Eterno, Príncipe de Paz. Su gobierno y la paz nunca tendrán fin. Reinará con imparcialidad y justicia desde el trono de su antepasado David por toda la eternidad. ¡El ferviente compromiso del Señor de los Ejércitos Celestiales hará que suceda! Isaías 9:6-7.

¿Acaso nunca han oído? ¿Nunca han entendido? El Señor es el Dios Eterno, el Creador de toda la tierra. Él nunca se debilita ni se cansa; nadie puede medir la profundidad de su entendimiento. Isaías 40:28.

Pero ahora, tal como lo predijeron los profetas y el Dios eterno lo ha ordenado, ese mensaje se da a conocer a todos los gentiles en todas partes, para que ellos también puedan creer y obedecerlo a él, toda la gloria sea para el único sabio Dios eternamente por medio de Jesucristo. Amén. Romanos 16:26-27.

Podríamos hacer una teología extensa sobre la eternidad de Dios, pero ni soy teólogo ni es mi propósito profundizar en lo que literalmente encontramos en las Escrituras. En los versículos que leíste en la página anterior, se evidencia la eternidad de Dios. Si nos echamos un *clavado* en las Escrituras, encontramos decenas de versículos referentes a lo mismo. No era mi propósito altercar con el misionero, él quería una respuesta inteligente según su criterio, mi respuesta fue completamente bíblica y ante eso, quién se atreve a discutir.

Dios sabía que en el futuro habría personas que harían separación entre el Dios del antiguo y el del nuevo pacto, por eso dijo:

Desde los días de vuestros padres os habéis apartado de mis leyes, y no las guardasteis. Volveos a mí, y yo me volveré a vosotros, ha dicho Jehová de los ejércitos. Mas dijisteis: ¿en qué hemos de volvernos? ¿Robará el hombre a Dios? Pues vosotros me habéis robado. Y dijisteis: ¿En qué te hemos robado? En vuestros diezmos y ofrendas. Malditos sois con maldición, porque vosotros, la nación toda, me habéis robado Malaquías 3:7-9.

NO ES UN ASUNTO DE DINERO

En las decenas de congregaciones a las que fui invitado a lo largo de la Unión Americana, tengo presente esto que pasó no hace muchos años: yo estaba impartiendo una conferencia en la ciudad de New York, cuando empecé a hablar sobre el pasaje "¿Robará el hombre a Dios?", una persona de la audiencia, se levantó muy molesta, me interrumpió y dijo:

—*¿Por qué viene a insultarnos, pastor Diego, diciendo que somos ladrones?*

Hubo un silencio en todo el auditorio, yo me quedé callado unos segundos —de la misma manera en que la mayoría de personas en el lugar. Respiré hondo y respondí:

—Yo no he venido a decirle "ladrón" a nadie, sino que Dios mismo está llamando ladrones a los que le roban los diezmos y las ofrendas. Así que si usted es una persona fiel en sus diezmos y ofrendas, usted no es ladrón y no se sienta ofendido, no se moleste, menos hay razón para preocuparse por lo que estoy enseñando. Pero, déjeme le hago una observación: si usted no está diezmando y ofrendando, entonces este versículo 8 de Malaquías, que le pareció ofensivo de mí parte, pero que viene directo de la boca de Dios, es dedicatoria directa para usted y algún otro ladrón que ande por aquí.

Por lo general, la gente que se ofende cuando se habla de este verso, es gente que, obviamente, le está robando a Dios. Yo no voy por el mundo tratando de ofender a la gente diciéndoles "ladrones", sino más bien, enseñándoles a que no le roben a Dios y no sólo en los diezmos, sino también en las ofrendas. Sé que hay gente que tiene como costumbre robarle a Dios.

En lo personal, yo no entendía en qué forma le robamos a Dios en las ofrendas. En esos tiempos que me gusta estar en la intimidad con Dios, le dije:

—Señor, yo me considero un fiel diezmador. Si gano cien dólares, te doy diez; si gano ciento veinte, te doy doce; si

gano quinientos, te doy cincuenta y nunca te fallo en este principio.

—*¿Y cuánto me ofrendas?* —Dios habló a mi mente y corazón— *Te recordaré algo y espero que te sirva de ejemplo. Cuando vas a un restaurante y te traen la nota para pagar la comida que consumiste, tú nunca te limitas a dar sólo el diez por ciento de propina, a veces das el quince o el veinte por ciento. Si te tratan muy bien en el servicio, hasta el veinticinco o treinta por ciento les das, ¿verdad? Te pregunto, ¿por qué, entonces, conmigo te limitas a darme el diez por ciento? ¿Acaso no te trato mucho mejor yo que los meseros en los restaurantes que frecuentas?* —me dijo.

—*¿Cuánto debo ofrendarte?* —pregunté al momento.

—*¿Cuánto merezco después de lo que me pertenece?, ¿por qué no le agregas un diez por ciento, para comenzar?* —me contestó con otra pregunta.

Al llegar a casa, compartí a mi esposa lo que Dios había tratado conmigo. Le dije: *A partir de hoy, le daremos a Dios, mínimo, el veinte por ciento de todo lo que recibimos.* Tras esa experiencia, tanto mi esposa como yo, damos al Señor el veinte por ciento; el diez por ciento de diezmo y el otro diez, es la ofrenda. Analizando sobre ese porcentaje, me di cuenta que al dar el veinte por ciento, el diez por ciento era lo que limpiaba mi terreno y preparaba mi tierra para sembrar, y todo lo que daba arriba del diez por ciento, ¡era semilla! Lógicamente entendí un principio de campesinos, que la tierra que yo limpiaba, es la que tenía que sembrar. Pondré un ejemplo muy sencillo: ¿qué pensarías si yo limpiara una hectárea de terreno, sacando todo el escombro, la hierba, espinos, las piedras, fertilizara la tierra y la dejara en excelentes condiciones para sembrar y solamente siembro una cuarta parte de la tierra?, ¿acaso no pensarías que soy un tonto?, pues eso es exactamente lo que hace el diezmo.

Si el diezmo me prepara una hectárea para sembrar, yo debo sembrar toda esa hectárea, pero si gané cien dólares y los diez dólares de diezmos me prepararon esa hectárea y solamente ofrendé un dólar contra diez dólares de diezmos, entonces sólo sembré un pedacito del terreno. Fue en ese momento de reflexión que entendí que debería sembrar toda la tierra, y por lógica, entonces continué dando el diez por ciento de diezmo y diez por ciento más de ofrenda. Desde que empezamos a practicar este principio, Dios comenzó a bendecirnos en todas las áreas de nuestra vida. En lo material, empezamos a ver cómo fuimos más bendecidos. Esa semana se presentó un empresario a la congregación y me dijo que en su casa tenía dos autos Cadillac, uno del año (en el que estábamos) y otro del año anterior. El empresario me dijo: *Dios me indicó que te regalara uno, ¿cuál de los dos quieres?* Y como él me preguntó, ¿cuál creen ustedes que escogí?, obvio, ¡el Cadillac del año! Al día siguiente nos regalaron una casa; podría contar muchos testimonios de cómo Dios nos ha bendecido con nuestros hijos, en el ministerio, en lo material. En ocasiones sacamos el total de todo lo que le damos a Dios y descubrimos que hemos dado, al menos, un sesenta por ciento de lo que percibimos en el año. Mi meta es llegar a darle el noventa por ciento a Dios y vivir sólo con el diez por ciento. El pueblo de Israel se había apartado de este principio y por lo tanto la condición de vida como nación, iba de mal en peor. Por eso Dios les llamó la atención y les dijo:

Volveos a mí, y yo me volveré a vosotros —dice el Señor Todopoderoso— pero vosotros replicáis: ¿En qué sentido tenemos que volvernos? ¿Acaso roba el hombre a Dios? ¡Vosotros me estáis robando! Y todavía preguntáis: ¿En qué te robamos? Malaquías 3:7-8.

La pregunta es retórica, ellos sabían perfectamente que le estaban robando. Diezmar era un principio que conocían y debían practicar. Dios sólo les recordó: *me han robado en los diezmos y ofrendas* —y en el verso 9, les dijo: *por eso les va mal, ha caído maldición sobre ustedes, porque toda la nación me ha robado.* ¿Acaso, Dios necesitaba los diezmos y ofrendas de ellos? ¡Claro que no!, pero aquí vemos que el llamado y la exhortación era para todo Israel, desde los sacerdotes hasta el más pequeño de los israelitas. Dios no necesitaba que ellos lo hicieran, pero ellos necesitaban hacerlo porque no estaban cumpliendo con el principio establecido desde la eternidad —y reforzado en la ley de Dios. Dios no puede violar un principio que se estableció en la eternidad. Nos damos cuenta en este capítulo de que los diezmos y las ofrendas, no son un asunto de dinero. Va más allá de la ley mosaica; es un principio espiritual y cuando nos damos cuenta de que esto se originó en el cielo, entonces dejará de ser una carga y producirá un gozo el practicar este principio eterno.

Al terminar de leer este capítulo, te invito a tomar unos momentos para abrir tu mente. Tu mente es como un paracaídas, si no lo abres, ¡te estrellas! Deja que Dios te hable a través de esto que, con humildad, he tratado de trasmitirte. Creo que si entendiéramos estos versículos, y además los practicáramos, se acabaría la pobreza en el mundo. Dios no quiere que sus hijos vivan en miseria, en pobreza, en escasez.

Dios quiere que gocemos de todo lo que Él diseñó. Dios es bueno y quiere que seas prosperado, bendecido en abundancia.

Pero también quiere que conozcas a fondo el diseño del diezmo y su real significado. Algo que Él mismo ha creado.

Esto es lo que descubriremos a continuación. No dejes de leer...

CAPÍTULO V
TRES TIPOS DE DIEZMOS

En la Biblia se mencionan tres tipos de diezmos:

1. EL DIEZMO DEL SEÑOR

Se daba el diez por ciento para los sacerdotes que servían en el tabernáculo y para los Levitas, porque no les fueron dadas propiedades en la distribución de la tierra cuando el pueblo, después de una larga travesía, llegó a la tierra prometida.

Y he aquí yo he dado a los hijos de Leví todos los diezmos en Israel por heredad, por su ministerio, por cuanto ellos sirven en el ministerio del tabernáculo de reunión Números 18:21.

2. EL DIEZMO DEL FESTIVAL

Indefectiblemente diezmarás todo el producto del grano que rindiere tu campo cada año. Y comerás delante de Jehová tu Dios en el lugar que él escogiere para poner allí su nombre el diezmo de tu grano, de tu vino y de tu aceite, y las primicias de tus manadas y de tus ganados, para que aprendas a temer a Jehová tu Dios todos los días Deuteronomio 14:22-23.

Este diezmo, era usado para la fiesta de los tabernáculos en la celebración de la provisión de Dios.

Éste, rememoraba las vicisitudes de Israel durante su deambular por el desierto luego de la salida de Egipto. Fiesta que nuestro Señor Jesucristo celebraba:

En el último y gran día de la fiesta, Jesús se puso en pie y alzó la voz, diciendo: Si alguno tiene sed, venga a mí y beba Juan 7:37.

Para el pueblo judío, era una de sus celebraciones principales, la ordenanza sobre este diezmo, era muy específica: *Deberás separar el diezmo de tus cosechas, es decir, la décima parte de todo lo que coseches cada año* Deuteronomio 14:22-23 NTV.

Este diezmo, fue llamado el *diezmo del festival.* Era un diez por ciento que las familias de Israel guardaban cada año. Se utilizaba para las celebraciones del pueblo de Dios. De esta manera, ninguna familia estaba imposibilitada para ir a celebrar las fiestas del Señor por falta de recursos. Todos debían diezmar de sus recursos por medio de este segundo diezmo y asistir a las celebraciones establecidas (e importantes) del pueblo del Señor.

En el versículo 22, leemos: *indefectiblemente diezmarás todo el producto del grano que rindiere tu campo cada año.* Aquí la palabra *indefectiblemente* se refiere a que no puedes tocar absolutamente nada de este diezmo —su significado es que nada debe faltar. La definición de indefectible, es que no puede faltar absolutamente nada. Esa era la ordenanza para los israelitas.

El verso 23, dice: *Y comerás delante del Señor tu Dios en el lugar que él escogiere para poner allí su nombre, el diezmo de tu grano, de tu vino y de tu aceite, y las primicias de tus manadas y tus ganados, para que aprendas a temer a tu Dios todos los días.*

Por tres años todas las familias apartarán el diezmo y primicias de todo su producto (Deuteronomio 14:28), para llevarlo al lugar de reunión que era la fiesta de los tabernáculos. Uno de los propósitos de este mandamiento, era para que no fuera una carga para los sacerdotes.

Si alguna familia no tenía la economía o recursos para ir, entre varias familias la apoyaban y compartían de su vino y alimentos. De esa manera participaban todos y disfrutaban de la fiesta. Era una práctica que los mantenía unidos como pueblo, familia y como practicantes de este mandamiento de la ley dada a Moisés. Desde que estos diezmos fueron establecidos desde hace milenios, hasta la fecha de hoy, la nación de Israel continúa apartándolo para celebrar sus fiestas. Es común que los judíos en cualquier parte del mundo que se establecen, se apoyan en lo económico.

Se hermanan para prestarse dinero entre ellos para hacer negocios. Creo que si los mexicanos (y los demás países latinoamericanos, también), tomáramos de ejemplo a los judíos, se reduciría la pobreza de una manera significativa.

El verso 24, dice: *Y si el camino fuere tan largo que no puedas llevarlo, por estar lejos de ti el lugar que Jehová tu Dios hubiere escogido para poner en él su nombre, cuando Jehová tu Dios te bendijere.*

El verso 25, describe: *Entonces lo venderás y guardarás el dinero en tu mano, y vendrás al lugar que Jehová tu Dios escogiere.*

En el verso 26, leemos: *Y darás el dinero por todo lo que desea, por vacas, por ovejas, por vino, por sidra, o por cualquier cosa que tú deseares; y comerás allí delante de Jehová tu Dios, y te alegrarás tú y tu familia.*

Generalmente, los predicadores que hablan sobre la prosperidad, han tergiversado este último verso, dándole un enfoque equivocado; nos han vendido la idea específicamente en este verso 26, de los cinco deseos que son: las vacas, el vino, las ovejas, la sidra o cualquier cosa que desees, enseñan que vas a intercambiar con Dios una ofrenda por cualquiera de estos cinco deseos; pero si leemos el contexto, aquí no se está refiriendo a que vamos a ofrendar o pactar por estos cinco deseos. Más bien, ese dinero (que es el fruto del producto de todo lo que vendieron para trasladarse al lugar de la celebración), lo usarían para comprar ya fuera vacas, ovejas, vino, sidra o cualquier producto que ellos desearían para comer ahí delante del Señor y alegrarse ellos con sus familias y los pobres a los que les compartían estos alimentos y así cumplir con esta ordenanza y celebración.

3. EL DIEZMO PARA EL NECESITADO (DESAMPARADO)

Este diezmo era para los pobres, huérfanos, viudas y los levitas errantes. Se guardaba este diezmo y se distribuía cada tres años.

Y no desampararás al levita que habitare en tus poblaciones; porque no tiene parte ni heredad contigo. Al fin de cada tres años sacarás todo el diezmo de tus productos de aquel año, y lo guardarás en tus ciudades. Y vendrá el levita, que no tiene parte ni heredad contigo, y comerán y serán saciados; para que Jehová tu Dios te bendiga en toda obra que tus manos hicieren Deuteronomio 14:27-29.

¿De qué cosas debían diezmar los israelitas? En el libro de Levíticos, leemos:

La décima parte de los productos de la tierra, ya sea grano de los campos o fruto de los árboles, le pertenece al Señor y debe ser apartada, es santa para el Señor Levítico 27:30.

La enseñanza aquí, es que se debía diezmar de todo lo que representaba ganancia. Tenemos el ejemplo de Abraham cuando diezmó de lo que ganó en la batalla. Haciendo comparación de los tiempos antiguos a los tiempos de Jesucristo, los fariseos oraban y se jactaban diciendo: *nosotros diezmamos de todo lo que ganamos*, esto indica que practicaban estos tres tipos de diezmos. Permítanme hacerles un comentario: la palabra *fariseo*, muchas veces la usamos despectivamente, pero, ¿quiénes eran los fariseos? Ellos ocupaban un lugar prominente dentro del sanedrín —una posición de jerarquía en las sinagogas. Eran los vigilantes que se encargaban de que los israelitas cumplieran con la ley. No eran cualquier persona indocta o del vulgo, era gente importante dentro de la religión judía. Para ser un fariseo se requerían años de estudio, debían pasar por diferentes evaluaciones para adquirir ese título. En una ocasión Jesucristo dijo:

Porque os digo que si vuestra justicia no fuere mayor que la de los escribas y fariseos, no entraréis en el reino de los cielos Mateo 5:20 RVR1960.

¿Por qué Jesús hace mención de la justicia de los fariseos?, ¿y por qué Lucas menciona la oración de ellos?, porque los fariseos practicaban estos tres tipos de diezmos; quiere decir que ellos daban el treinta por ciento de todas sus ganancias, si a eso le añades las ofrendas, ellos llegaban a dar el cincuenta por ciento de todas sus entradas y se quedaban con el cincuenta por ciento restante.

Este asunto de los tres diezmos del antiguo pacto, era de tal importancia, que vemos que Dios era muy celoso con esto, si alguien tomaba prestado de estos diezmos y Dios se los permitía, debían pagar una multa por ello.

Si deseas volver a comprar esa décima parte del grano o de la fruta que pertenece al Señor, tendrás que pagar su valor, más un veinte por ciento Levítico 27:31 NTV.

No sólo los fariseos respetaban esta práctica, el mismo apóstol Pablo cumplía con esta ley. Pablo se autonombraba *fariseo de fariseos* (Hechos 23:6). Fue el apóstol Pablo quien dejó clara la enseñanza sobre la gracia. Él conocía el principio de los diezmos, que no tenía nada que ver con la ley, sino que la gracia lo hacía consciente de que esta parte era intocable. Así que nunca utilices el término *fariseo* como ofensa, porque, por lo que comenté versos atrás, debería ser un halago. Reitero: qué declaración tan reveladora hizo Jesús, cuando dijo:

Porque os digo que si vuestra justicia no fuere mayor que la de los escribas y fariseos, no entraréis en el reino de los cielos Mateo 5:20 RVR1960.

SIN SEMILLA NO HAY SIEMBRA NI COSECHA

En estos tiempos escuchamos y conocemos gente que no da el diezmo de lo que gana, excusándose que esto es un asunto de la ley. Pero hay suficiente respaldo bíblico para darnos cuenta de que no tenía que ver con la ley mosaica;

aun si fuera parte de la ley mosaica, yo lo haría porque hay una promesa de Dios para todo el que lo practica.

Y si alguno quisiere rescatar algo del diezmo, añadirá la quinta parte de su precio por ello Levítico 27:31 RVR1960.

Si aplicáramos pagar la quinta parte esto en nuestros tiempos, deberíamos pagarlos después de haber tomado el diezmo, dando aún más de la parte que ocupamos. Sin embargo, nunca es bueno comer toda la semilla. Cuando el campesino utiliza toda la semilla para alimentarse o alimentar al ganado, no tiene nada que sembrar y por lo tanto, no tendrá nada que cosechar.

En el Nuevo Testamento, Jesús enseñó sobre los diezmos. Jesús alabó a los fariseos por diezmar de todo lo que ganaban —no olvidemos que lo que condenó fue su omisión a la misericordia, juicio y fe.

¡Qué aflicción les espera, maestros de la ley religiosa y fariseos! ¡Hipócritas! Pues se cuidan de dar el diezmo sobre el más mínimo ingreso de sus jardines de hierbas, pero pasan los aspectos más *importantes de la ley: la justicia, la misericordia y la fe. Es cierto que deben diezmar, pero sin descuidar las cosas más importantes* Mateo 23:23 NTV.

El autor del libro de los Hebreos, en el capítulo 7, hace énfasis en esta relación del pacto de Abraham y el nuevo pacto. Abraham fue un hombre de pacto y un diezmador. El pueblo de Israel estaba bajo el pacto mosaico. Mientras permanecían fieles al Señor, daban sus diezmos. El nuevo pacto también implica el diezmo. Se enfatiza el hecho del sacerdocio según el orden de Melquisedec, tipo y figura de Cristo. Se nos enseña que aun Aarón y los levitas dieron sus diezmos estando todavía en Abraham.

Si Abraham dio diezmos, entonces su semilla, simiente o descendientes, deberían dar el diezmo. ¿A quién hay que diezmar?

Este Melquisedec fue rey de la ciudad de Salem y también Sacerdote del Dios Altísimo. Cuando Abraham regresaba triunfante de una gran batalla contra los reyes, Melquisedec salió a su encuentro y lo bendijo. Después Abraham tomó la décima parte de todo lo que había capturado en la batalla y se la dio a Melquisedec. El nombre Melquisedec significa "Rey de Justicia". Y rey de Salem significa "Rey de Paz". No hay registro de su padre ni de su madre ni de ninguno de sus antepasados; no hay principio ni fin de su vida. A semejanza del hijo de Dios, sigue siendo sacerdote para siempre Hebreos 7:1-3 NTV.

Abraham dio su diezmo a Melquisedec, puesto que Melquisedec representa a Cristo en tiempo de Abraham. Nosotros debemos diezmar a Cristo según el énfasis que le da el autor de Hebreos 7. Los diezmos no se deben separar de la relación de pacto porque Abraham fue un hombre de pactos y un fiel diezmador.

Los sacerdotes que reciben los diezmos son hombres que

mueren, así que Melquisedec es superior a ellos porque se nos dice que sigue viviendo Hebreos 7:8.

Se entiende que los sacerdotes, pastores y los que sirven en el templo, no se escapan de este principio de diezmar de lo que reciben. En el caso de pastores y sacerdotes, ¿qué autoridad espiritual tendrían para pedir los diezmos a sus congregantes, si ellos no los dan? Según lo que leemos en Hebreos 7, hay *piso parejo* para todos. Nadie se escapa de este principio. El diezmar y el ofrendar debemos verlo como un privilegio, al hacerlo, más que una obligación o una carga, debemos hacerlo con gozo, con alegría, con contentamiento (2 Corintios 9:7).

Ahora, ¿qué pasa si sabiendo todo esto, no doy el diezmo a Dios?...

CAPÍTULO VI
¿ROBARÁ EL HOMBRE A DIOS?

¿Robará el hombre a Dios?, pues vosotros me habéis robado. Y dijisteis: ¿En qué te hemos robado? En vuestros diezmos y *ofrendas* Malaquías 3:8.

Pues si en las riquezas injustas no fuisteis fieles, ¿quién os confiará lo verdadero? Y si en lo ajeno no fuisteis fieles, ¿quién os dará lo que es vuestro? Lucas 16:11-12.

Dios es celoso con lo que le pertenece y no es porque Él lo necesite. Cuando nosotros nos negamos a diezmar, claramente la palabra aquí nos dice que nos convertimos en ladrones.

A sabiendas de que Él todo lo ve, descaradamente le robamos y empezamos a buscar todos los textos acerca de la bondad de Dios para justificar nuestra acción de robar.

El diezmo simplemente nos recuerda quién es el dueño del universo, del mundo, de las familias de la tierra, de todo lo que existe en ella —incluyéndonos.

Cuando yo tomo esa parte que no me pertenece,

simplemente estoy negando que el Señor es el dueño de mi vida y me estoy queriendo igualar a Dios (tal como lo hizo Luzbel en el cielo), creyéndome el dueño de todo.

Es importante entender (según este verso) que no sólo robamos en los diezmos, sino también en las ofrendas, porque ignoramos que las ofrendas también le pertenecen.

El título de este libro es *10/90*. El 10 es de Dios y el 90, también, porque realmente ¡todo le pertenece a Dios! El 10, es lo que a Él le pertenece; la ofrenda, es lo que Él merece; una vez que separamos el 10, el 90 por ciento restante, sigue ¡siendo de Él! Él sólo nos permite que lo administremos y que lo hagamos de la mejor manera; Dios decide a dónde va el 10 por ciento y Él nos permite que decidamos a dónde va el 90 por ciento. En ese 90 por ciento hay cosecha, hay semilla, hay para la obra social, hay ahorros con propósito, hay para invertir.

Trabajemos en este ejemplo: Si yo gano mil dólares en la semana, tengo diez billetes de cien dólares (que suman los mil dólares). De esos diez billetes, separo uno —que es el de Dios. De los nueve restantes, yo decido cuántos billetes separar para la ofrenda.

Vamos a suponer: si yo separo dos billetes más de cien dólares, más el primero que separé antes, son tres billetes de cien dólares, ¿con cuántos billetes me quedé?, automáticamente pensamos que nos quedamos con siete, (según nuestra matemática), pero en la matemática de Dios, nos quedamos con tres, porque esos tres que le dimos a Dios, ¡son los únicos que tienen el potencial y capacidad para multiplicarse!, porque los otros siete, se van para vivienda, gasolina, comida, carro, seguros, ropa, etcétera.

Si yo estoy consciente de que lo que me queda son los tres billetes para el altar y que es lo único que se me va a multiplicar, entonces, ¿por qué no hacer lo de los fariseos?, que lo mínimo que daban era el cincuenta por ciento de sus ingresos.

Si yo separo el cincuenta por ciento para Dios en el altar, realmente es con lo único que me quedo, y, ¿cómo se me va a multiplicar?

En lugar de ganar mil dólares por semana, serán tres mil dólares, con el otro cincuenta por ciento (que sigue siendo de Dios), me va a dar la sabiduría para administrarlo correctamente. Y respecto a la obra social que mencioné antes, la Biblia dice:

A Jehová presta el que se apiada del pobre, y él lo recompensará por su buena obra Proverbios 19:17.

Esto es lo que yo he visto (y experimentado) en gente que conozco y que invierte en buenas obras. No olvidemos: el que le da al pobre, al Señor le presta, y Dios no es malapaga. Dios siempre paga muy bien. En el libro de Santiago, leemos:

Pero alguno dirá: tú tienes fe, y yo tengo obras; muéstrame tu fe sin tus obras, y yo te mostraré mi fe por mis obras Santiago 2:18.

Aquí en este ejemplo, vemos que lo primero que tenemos que separar, es lo que le vamos a dar a Dios. Cuando separamos lo primero para Dios, lo estamos honrando.

Pero si yo primero separo para la gasolina, estoy honrando al de la gasolinera; si separo primero el pago de mi casa, estoy honrando al banquero; si separo primero para la ropa, estoy honrando al dueño de la tienda.

Con estos ejemplos que estoy dando, quiero motivarte a que honremos a Dios primero; si honramos a Dios primero, Él va a bendecir y prosperar nuestras vidas.

Es emocionante ver cómo la gente que practica estos principios, prospera de una manera sobrenatural.

Busquen el reino de Dios por encima de todo y lleven una vida justa, y él les dará todo lo que necesitan Mateo 6:33 NTV.

Por otro lado, ¿has escuchado decir a alguien, "todo me sale mal"?, o quizá, ¿estoy "bien salado"?

Mira a continuación lo que le pasó a Micaía en el libro de los Jueces...

CAPÍTULO VII
LA HISTORIA DE MICAÍA

Esta historia la he incluído en muchas de mis conferencias, ya que es muy singular y aunque encontramos en la Biblia otras parecidas, esta tiene algunas particularidades dignas de atender:

Había un hombre llamado Micaía que vivía en la zona montañosa de Efraín. Un día le dijo a su madre: Te oí maldecir a la persona que te robó mil cien piezas de plata. Bueno, yo tengo el dinero; fui yo quien lo tomó. El Señor te bendiga por haberlo admitido —respondió la madre Jueces 17:1-2 NTV.

Esto sí que fue un atrevimiento por parte del joven Micaía, ¡robarle a su propia madre! Digo, tampoco debería extrañarnos, muchos jóvenes en los tiempos modernos, dejan en la calle a sus padres en lo que respecta a lo material. Los deshonran y por supuesto, como Micaía, sufren las consecuencias. El apóstol Pablo, en su epístola a los Efesios, escribió:

Hijos, obedezcan a sus padres porque ustedes pertenecen al Señor, pues esto es lo correcto. "Honra a tu padre y a tu madre". Ese es el primer mandamiento que contiene una promesa: si honras a tu padre y a tu madre, te irá bien y tendrás una larga vida en la tierra Efesios 6:1-3 NTV.

Podemos justificar que Micaía era joven e inexperto, pero hay cosas que aprender en esta historia de vida. Le robó a su madre la módica cantidad de mil cien piezas de plata. La madre de este joven, al verse estafada, llena de ira, cosa hasta cierto punto justificable y entendible, declaró maldición sobre la persona que lo había hecho, sin imaginar que había sido su propio hijo.

La bendición y maldición declaradas la mayoría de veces, trae consecuencias de bien o de mal. En este caso, por lo que leemos en esta narrativa, sería para mal. La madre de Micaía debió pensar que algún siervo o pariente cercano le había robado, pero, ¿su hijo?, era algo que nunca pasó por su pensamiento. Las palabras de maldición principiaron a traer efectos muy pronto en la vida de este "joven ladrón".

La región de Efraín, lugar donde radicaban Micaía y su madre, era una región próspera. La palabra *Efraín* significa *doblemente bendecido*, pero con Micaía pasaba todo lo contrario, era el más pobre de todos sus amigos. Por más que trabajaba, se esforzaba, invertía en su negocio, todo le salía mal. Su negocio no producía lo que debía producir. ¿Y cuál era el negocio que Micaía tenía? Era fabricante de ídolos.

En esos días, Israel no tenía rey; cada uno hacía lo que le parecía correcto según su propio criterio Jueces 17:6.

Así que el problema del empobrecimiento en este caso, la razón principal, no era por la actividad a la que se dedicaba Micaía. La falta de resultados en su negocio, (aunque era aparentemente un misterio), era consecuencia de lo antes citado. Ni sus amigos cercanos se explicaban el porqué de la pobreza tan extrema de su amigo; lo que hicieron ellos fue burlarse. En nuestros tiempos sus amigos hubieran expresado: "Micaía, estás bien salado", "vete a hacer una limpia a Catemaco" (Catemaco, una región en el estado de Veracruz, México, donde mucha gente practica la brujería; de muchas partes de nuestro país y de todo el mundo, van a ese lugar, porque quieren ser libres de sus males). Pero ni yendo a Catemaco le hubiera funcionado a este joven.

Quiero pensar que cuando Micaía escuchó la maldición de su madre (y que se sintió aludido), tal vez ya habían pasado algunos días del acontecimiento —y fue que él decidió reconocerlo y librarse de las consecuencias.

Con mucha vergüenza se acercó a su madre y confesó su falta; y como la mayoría de madres lo haría, la madre de Micaía, le dijo: *El Señor te bendiga por haberlo admitido.*

Entonces él le devolvió el dinero, y ella dijo: Ahora consagro estas monedas de plata al Señor. En honor a mi hijo, haré tallar una imagen y fundir un ídolo Jueces 17:3 NTV.

Después de la confesión, el perdón de la madre y la restitución, ambos, madre e hijo, pensaron que todo iba a estar bien. Aunque la madre de Micaía sabía del poder de una maldición y entendía que quizá la confesión y el perdón, no iban a ser suficientes, por eso ella intentó revertir la maldición, consagrando las monedas y mandando hacer un ídolo, cosa que no funcionó, las consecuencias seguían afectando la vida y el negocio de su hijo. Un día, Dios tuvo misericordia de ese muchacho. Micaía estaba anhelante de que pasara algo extraordinario, que de alguna manera se revirtiera la maldición, que su vida retomara el camino de la bendición y prosperidad —y sucedió lo impensable. La vida le empezaría a sonreír a través de quien él menos esperaba.

Cierto día llegó a la región un joven levita que vivía en Belén de Judá. Había salido de Belén en busca de otro lugar donde vivir y, viajando, llegó a la zona montañosa de Efraín. Mientras estaba de paso, se detuvo por casualidad en la casa de Micaía Jueces 17:7-8 NTV.

Bueno, dicen que las casualidades no existen, sino las "Diosidencias". El corazón de Micaía había dado muestras de arrepentimiento. Le tocaba a Dios hacer su parte y hasta ese lugar montañoso llegó el levita, sacerdote y servidor de Dios. ¿Pero, quién era un levita? Miembros de la tribu de Leví, hijo de Jacob. Los levitas ejercían el sacerdocio en el antiguo reino de Judá. No poseían tierra ni heredad y este sacerdote era precisamente un hombre consagrado para Dios; sin tierra ni heredad, iba por los caminos de Efraín buscando un lugar donde quedarse y ejercer su sacerdocio un tiempo.

El joven Micaía lo vio llegar a su casa (un perfecto desconocido para él) y leemos:

¿De dónde vienes? —le preguntó *Micaía. Él contestó: Soy un levita de Belén de Judá, y busco un lugar para vivir. Quédate aquí conmigo —le dijo Micaía— y podrás ser un padre y sacerdote para mí. Te daré diez piezas de plata al año, además de una muda de ropa y comida* Jueces 17:9-10 NTV.

Micaía inmediatamente pensó: "*esto es lo que necesito, un sacerdote dentro de mi propia casa y negocio*", porque en aquel tiempo, las familias tenían sus negocios en su casa. No sólo sería sacerdote para Micaía, sería su padre, o sea que por razones que desconocemos, el padre de Micaía no vivía con ellos.

Lo menos imaginado le sucedió a este joven. La bendición había llegado directamente a su casa y la arrebató para él. ¡Tendría un padre y sacerdote, a la vez!

El levita aceptó la oferta: el pago de diez piezas de plata, vestido y comida.

Luego Micaía lo nombró su sacerdote personal, y el levita vivió en la casa de Micaía. "Sé que el Señor me bendecirá —dijo Micaía— porque tengo un levita como sacerdote personal" Jueces 17:12-13.

Lo esperado y anhelado por largo tiempo, empezó a dar resultados. La hospitalidad y la provisión para el levita revirtió la maldición. Las circunstancias cambiaron, era el tiempo de restauración que Micaía esperaba. Su negocio, después de algunos años de no producir resultados, comenzó a prosperar. Los amigos que se burlaban de él por la pobreza extrema, fueron rebasados. La fama y el reconocimiento de Micaía fueron muy significativos, convirtiéndose en el fabricante de ídolos más importante en toda la región del monte de Efraín.

Un día llegó a reunirse con sus amigos, como suele suceder cuando tu vida da un giro de 180 grados, para bien, todos empiezan a hacerse preguntas. Le preguntaron: ¿qué pasó?, ¿qué hiciste?, ¿de dónde vino tu prosperidad tan repentinamente?, ¿qué pactaste y con quién?, estamos alegres por ti, pero igual, gratamente sorprendidos. Fuiste levantado del polvo. Jamás creímos que tu negocio iba a resurgir de nuevo. Hoy por hoy eres el más rico, próspero y popular de toda la región de Efraín.

Micaía, en esa reunión entre amigos, les explicó a detalle todo lo que había sucedido. Les hizo un pequeño recuento: *Iba pasando un levita por mis rumbos, llegó a mi casa, lo recibí, hice un trato con él, le di mi diezmo de todo. Desde ese momento, como yo lo pensé, empecé a ser prosperado. No hubo nada mágico en lo que hice, sencillamente lo honré como sacerdote de Dios y llegó la paz y prosperidad a mi casa.*

Algo que debemos aprender en esta corta historia, es que, lo que la madre de Micaía no pudo hacer después de que lo maldijo, la acción de Micaía al tomar a este levita como sacerdote, sostenerlo y diezmarle, fue lo único que pudo librarlo de tal desgracia que lo había abrumado y llevado a la ruina.

Si yo le robo a Dios, no importa cuánto ore, no importa cuánto mis padres oren, aboguen e intercedan por mí. No importa cuánto mis amigos o mi iglesia ore para que me vaya bien, el único que tiene el poder en su mano para que me vaya bien, soy yo. Debo arrepentirme de corazón, honrar al Señor. Esperar en su misericordia.

Como lo vemos en el caso de Micaía: honrar al hombre de Dios, y cumplir el principio de diezmar y el ofrendar al levita. Como consecuencia, la bendición y prosperidad llegarán a mi vida, negocio, familia y ministerio.

Ahora, querido lector, imagínate que Dios te dijera con respecto al diezmo: ¡Rétame! ¡Atrévete! ¡Ponme a prueba! ¿Lo harías?

—¡Pero Diego... Jesús dice "No pondrás a prueba al Señor tu Dios"!...

Pues bien, examina con calma el siguiente capítulo y sorpréndete.

CAPÍTULO VIII
VENTANAS ABIERTAS

Traed todos los diezmos al alfolí y haya alimento en mi casa; y ***probadme ahora en esto****, dice Jehová de los ejércitos, si no os abriré las ventanas de los cielos, y derramaré sobre vosotros bendición hasta que sobreabunde* Malaquías 3:10.

Traigan todos los diezmos al depósito del templo, para que haya suficiente comida en mi casa. Si lo hacen, dice el Señor de los ejércitos, les abriré las ventanas de los cielos. ¡Derramaré una bendición tan grande que no tendrán suficiente espacio para guardarla! ¡Inténtenlo! ¡Pónganme a prueba!

Sabemos que es necesario realizarnos exámenes médicos periódicamente para así saber cómo estamos en nuestra salud o porque tenemos tiempo de no sentimos bien, para lo cual es necesario acudir al médico; en nuestra visita, generalmente éste nos hace una revisión, luego nos indica que nos realicemos análisis de diferentes tipos y nos da una cita posterior. Al llegar el día acordado, ya con los resultados de los análisis en mano, vamos al médico, después de que él les da lectura, nos da el diagnóstico de nuestra condición física y nos informa cuáles son las probables razones que nos llevaron al punto de estar en esa condición de salud, también nos da las indicaciones para mejorarla. Los médicos, que son profesionales en su área, nos aclaran a detalle cada cosa encontrada en los estudios. Es común que la primera observación, será en definitiva, cambiar de hábitos alimenticios. Si estamos en una situación delicada, nos recomienda restringir varias cosas, ya que si no las dejamos, agravarán nuestra salud.

Nos da una receta (con su letra de garabato) y nos indica que con el cambio de hábitos en la alimentación y el medicamento, mejoraremos.

En los capítulos anteriores de este libro, hemos hablado del diagnóstico al pueblo de Israel. En Malaquías 3:8, Dios les da el diagnóstico de por qué les estaba yendo mal. La pregunta fue: ¿Robará el hombre a Dios?, pues ustedes me han robado. Aquí vemos cuál era la enfermedad del pueblo de Israel. En el verso 9, les da el diagnóstico: *Malditos sois con maldición*. La consecuencia del padecimiento, es que la enfermedad se estaba agravando y urgía atenderse.

Leemos desde el verso 7 de este capítulo, que dice: *Desde los días de vuestros padres os habéis apartado de mis leyes, y no las guardasteis.* Dios está siendo específico de la causa principal que los llevó a enfermarse; dice el versículo que se alejaron de Dios y de su Palabra. Una vez distanciados de Dios, se les hizo fácil robarle, sin remordimiento y sin medir las fatales consecuencias, no sólo a la nación, sino a la jerarquía sacerdotal y a todos los que servían en el templo. Dios, como buen médico en todas las especialidades y en la manifestación de sus atributos de amor y bondad infinita, en el verso 10 les indica la medicina para su cura (para sanar la enfermedad del pueblo, de la jerarquía sacerdotal y cortar la enfermedad de raíz, de tajo y para siempre), les dijo: La única manera que ustedes saldrán de esta maldición, es trayendo todos los diezmos al alfolí.

Si leemos atentamente dice: *...todos los diezmos al alfolí.* Porque practicaban los tres tipos de diezmos, el de los sacerdotes, el de las fiestas y el de las viudas, pobres, levitas y forasteros.

He recorrido todo el país de Estados Unidos, enseñando estos principios sobre los diezmos y las ofrendas, en diferentes tipos de auditorios: iglesias, escuelas, empresas, entre amigos, con mis colaboradores y con mi familia en casa. He compartido mis enseñanzas en iglesias bautistas, católicas, apostólicas, nazarenas, independientes y un sinfín más; en una ocasión con un grupo de mormones. Es interesante observar que por lo general, inclusive en las iglesias evangélicas, he encontrado personas que según sus convicciones, es correcto que ellos decidan a dónde enviar sus diezmos; pero debemos comprender que no nos corresponde a nosotros decidir, porque son de Dios y Él decide a dónde deben de ir.

En una ocasión, me invitaron a predicar con un grupo de

la iglesia bautista en Nueva York; uno de los líderes (y miembro de esa congregación) que estaba en la reunión, fue quien me invitó y dijo:

—*Yo sí diezmo, pero no diezmo en esta congregación, yo mando mis diezmos a Cuba, a la iglesia de donde salí para venirme a Norteamérica, porque allá sí hay mucha necesidad, aquí no hace falta nada.*

—*¿Usted se congrega en esta iglesia?* —le pregunté.

—*Sí* —respondió— *Soy el administrador financiero.*

—¿Y usted no diezma aquí? —pregunté.

—*No, no diezmo aquí* —reiteró.

—*A usted no le toca decidir, Dios ya decidió y es en el alfolí, el altar donde usted come, donde semana tras semana se le da el alimento espiritual. Déjeme hacerle un comentario. Si usted manda su diezmo a Cuba, cuando usted se enferme, ¿mandará traer al pastor de Cuba para que ore por usted?* —le pregunté.

—*Claro que no, por eso tengo mi pastor aquí* —me contestó.

—¡Qué curioso es usted!, se alimenta espiritualmente en este lugar, pero paga sus diezmos en Cuba. Le voy a hacer otra pregunta: ¿qué pasaría si usted va a comer a McDonald's, pero a la hora de hacer el pago por lo que consumió, va a pagar en Burger King? Por supuesto que el gerente saldrá y le dirá: "Señor, usted se fue sin pagar" —"Ah, es que voy a ir a pagar a Burger King, porque ellos tienen menos clientela, necesitan más el dinero, ustedes ya venden demasiado y hay que ayudar a la economía de Burger King". ¿Usted cree que el gerente de McDonald's le va a permitir hacer eso?

—*Claro que no* —me dijo.

—*Porque eso no se hace. Es lo mismo con los diezmos, debemos darlos donde nos alimentamos. Entonces, reflexione sobre lo que le digo, y se lo digo con mucho respeto, si usted come en esta iglesia, pague en esta iglesia* —le dije.

TRAE TODOS LOS DIEZMOS AL ALFOLÍ

Cuando me nombraron pastor en la primera iglesia que lideré en Phoenix, Arizona (ciudad donde tengo años radicando), había una pareja de líderes que eran muy buenas personas, dispuestas y comprometidas en la congregación; fieles en su servicio a Dios, desarrollaban muy bien su trabajo en lo que se requiriera. Eran puntuales con sus diezmos y ofrendas. Siempre dispuestos a cooperar en todo. Es normal en mí como pastor, estar atento a las personas en todas las áreas de su vida, entre ellas sus diezmos y ofrendas, y en ese estar enterado, me di cuenta de que esta pareja que les mencioné, hacía tiempo que no estaban diezmando. Un día, inquieto por esa situación, le pregunté al administrador si se había dado cuenta respecto de esta pareja, me confirmó lo que yo había notado. Lo primero que pensé fue que se habían quedado sin trabajo, pero me di cuenta que no era así, él tenía su propia compañía.

En una oportunidad platiqué con él y le pregunté cuál era la razón por la que había dejado de diezmar. Con mucha sinceridad, me dijo:

—*Es que nos hemos dado cuenta de que en esta congregación entra mucho dinero y que aquí no hay necesidad, mi esposa y yo decidimos mandarle los diezmos al evangelista Yiye Ávila, a Puerto Rico.*

Ellos conocían estos principios y decidieron no vivirlos. Pasaron pocos meses después de que platicamos y me pidieron una cita. Los atendí, les pregunté cuál era la razón por la que querían hablar conmigo. Me expusieron que necesitaban consejería matrimonial porque habían tenido muchos problemas en meses anteriores.

—*Hemos tocado el punto del divorcio y necesitamos ayuda.*

Hice una pausa y les dije:

—*Permítanme un minuto.*

Tomé una hoja de papel, me metí a la página del ministerio de Yiye Ávila, anoté el número de teléfono en el papel y se lo di:

—*Tomen este papel y hagan una llamada* —les dije.

—*¿Qué significa este número telefónico?* —respondieron.

—*Es el teléfono del evangelista Yiye Ávila, llámenle y saquen una cita con él en Puerto Rico, para que los atienda y les dé consejería matrimonial* —les dije.

—*Pastor, lo nuestro es algo serio y queremos su consejo, y deseamos que usted nos oriente* —respondieron.

—*Ustedes tomaron la decisión de estar bajo la cobertura de Yiye Ávila, mandando los diezmos a Puerto Rico y dejar de darlos aquí, en su congregación* —les contesté.

Se levantaron molestos y salieron de mi oficina, creo que con sentimientos encontrados. No los procuré durante la semana. El siguiente domingo no llegaron a la reunión, mi primer pensamiento fue que ya se habían ido de la iglesia o andaban en Puerto Rico en consejería matrimonial, pero ni una ni otra cosa. Dos semanas más tarde, pidieron hablar conmigo de nuevo. Yo creí que venían a despedirse de mí y de la iglesia, pero estaba equivocado; vinieron a ofrecer disculpas y reconocer que ellos estaban mal. La instrucción de Dios es clara en la Biblia, de traer todos los diezmos al alfolí. No dice *mándalos a todos los alfolíes que quieras o te parezca*, es una instrucción clara. Dios dice: *Para que haya alimento en mi casa*. Aquí podemos aplicar dos tipos de alimento: El alimento para los sacerdotes, levitas (todos los que servían en el templo) y para ganarme el derecho de recibir el alimento espiritual a través de los sacerdotes.

Cuando le robamos a Dios, no pensamos con claridad. Nuestra mente se cierra, leemos la Palabra y no la entendemos, escuchamos un mensaje y no penetra en nuestra mente, porque está afectada a causa de robarle a Dios. Pero cuando arreglamos esa situación, volvemos a leer los mismos versos de la Biblia que no habíamos entendido, ahora percibimos con claridad lo que estamos escudriñando; y pensamos: *pero si ya lo había leído antes y no lo entendía, así como lo entiendo ahora.* Lo que sucede es que tu mente fue sanada. Dios los está retando, dice: probadme ahora en esto. Es el único versículo que encontramos en la Biblia que dice: ***rétame, pruébame y verás de lo que soy capaz.***

Podemos preguntarnos: ¿y de qué eres capaz si yo te reto? Dios contesta: *si tú me pruebas y traes todos los diezmos al alfolí,* ***mi palabra va de por medio*** *y lo voy a hacer: abriré las ventanas de los cielos y derramaré bendición tras bendición sobre tu vida hasta que sobreabunde.*

Me llama la atención que Dios habla de ventanas, no de una sola ventana. Esto quiere decir que hay muchas ventanas que están esperando ser abiertas, pero es algo que nosotros tenemos que provocar. ¿Qué debemos hacer para que suceda?, la palabra mágica es accionar, creerle a Dios. ¿Qué ventanas necesitas que se abran?, ¿la ventana de la salud?, ¿la ventana de una mejor relación familiar?, ¿la ventana con los amigos?, ¿las ventanas del entorno donde te mueves?, ¿quizá la ventana de lo espiritual?, ¿la ventana de lo emocional?, ¿la ventana financiera? Sólo tú y nadie más sabe, sólo tú (que estás dándote el tiempo de leer este libro), sabes qué ventanas quieres que se abran.

Dios no está limitando las ventanas que se podrán abrir. Aquí está hablado de muchas ventanas —sin poner un límite. Es preferible vivir con las ventanas de los cielos abiertas, que con las ventanas de los cielos cerradas. Provoca tú que se abran esas ventanas, practicando este principio, probando y retando a Dios en los diezmos y ofrendas.

ESCUDRIÑANDO A MALAQUÍAS

La Palabra nos dice que no sólo serán abiertas las ventanas de los cielos, sino que hay más beneficios que obtenemos cuando somos obedientes a lo que Dios nos demanda. Leamos con atención a Malaquías 3:11:

Reprenderé también por vosotros al devorador, y no os destruirá el fruto de la tierra, ni vuestra vid en el campo será estéril, dice Jehová de los ejércitos Malaquías 3:11 RVR 1960.

Permítanme ser específico en cuanto a lo que Malaquías escribió en este versículo:

1. *REPRENDERÉ TAMBIÉN POR VOSOTROS AL DEVORADOR*

Además, abriré las ventanas de los cielos y derramaré bendición sobre tu vida hasta que sobreabunde y también reprenderé por ti al devorador. ¿Quién era el devorador a quien se hace referencia? La langosta, que eran plagas que destruían los campos agrícolas y no exactamente Satanás. Eran una plaga que azotaba los sembradíos y destruían todo en pocas horas, era imposible hacer algo al respecto, la pérdida era total. Era algo que llegaba intempestivamente. Estas plagas aparecían de la noche a la mañana.

Haciendo una analogía: cuando habla del devorador, hace referencia a todo lo que atenta con destruir nuestra vida. ¿De quién es el trabajo de reprender a Satanás, al devorador, a todo lo que atenta con destruir nuestra salud, economía, familia, hijos, vida emocional y espiritual? El trabajo es de Dios, es el compromiso que Él está haciendo por nosotros. En otras palabras, Dios nos está diciendo: "*No gastes tanto tiempo en palabrería para reprender al devorador, tú cumple lo que te estoy pidiendo y yo me encargaré de hacerlo por ti*".

2. *NO DESTRUIRÁ EL FRUTO DE LA TIERRA*

¿Qué es el fruto de la tierra? Nuestra familia, nuestros hijos, nuestros nietos. Dios se está comprometiendo en proteger de una forma total a nuestras familias, para que el devorador no los toque y que la vida de nuestros hijos y sus generaciones posteriores, estén protegidas.

Si Dios reprende por nosotros al devorador, podemos estar confiados en que nuestras vidas están guardadas en sus manos.

Los que viven al amparo de Altísimo encontrarán descanso a la sombra del Todopoderoso. Declaro lo siguiente acerca del Señor: Solo él es mi refugio, mi lugar seguro; él es mi Dios y en él confío. Te rescatará de toda trampa y te protegerá de enfermedades mortales. Con sus plumas te cubrirá y con sus alas te dará refugio. Sus fieles promesas son tu armadura y tu protección. No tengas miedo de los terrores de la noche ni de la flecha que se lanza en el día. No temas a la enfermedad que acecha en la oscuridad ni a la catástrofe que estalla al mediodía. Aunque caigan mil a tu lado, aunque mueran diez mil a tu alrededor, esos males no te tocarán. Simplemente abre tus ojos y mira cómo los perversos reciben su merecido. Si haces al Señor tu refugio y al Altísimo tu resguardo, ningún mal te conquistará; ninguna plaga se acercará a tu hogar. Pues él ordenará a sus ángeles que te protejan por donde vayas. Te sostendrán con sus manos para que ni siquiera te lastimes el pie con una piedra. Pisotearás leones y cobras; ¡aplastarás feroces leones y serpientes bajo tus pies! Salmo 91:1-13 NTV.

3. *NUESTROS VIÑEDOS EN EL CAMPO NO SERÁN ESTÉRILES*

Dios se compromete a proteger toda mi economía y todo lo que depende de ella: mi negocio, mi empresa, mis cuentas bancarias y todo lo que tenga que ver con lo que yo genero financieramente.

Él nos garantiza que cosecharemos abundantemente y que todo estará bajo su protección.

Leamos estas dos versiones:

Entonces todas las naciones los llamarán benditos, porque su tierra será un deleite, dice el Señor de los ejércitos celestiales Malaquías 3:12 NTV.

Y todas las naciones os dirán bienaventurados; porque seréis tierra deseable, dice Jehová de los ejércitos Malaquías 3:12 RVR1960.

4. *SERÁN TESTIMONIO A LAS NACIONES*

Porque dice Dios y todas las naciones os dirán bienaventurados. Esto quiere decir que mi fama crecerá por el mundo entero, por todas las naciones. Esta es la misma promesa que Dios le hizo a Abram en el capítulo 12 del libro de Génesis, *serás reconocido en todo el mundo.* En estos versículos podemos leer cómo Dios anhela seguir derramando bendiciones abundantes sobre Israel. La fama de Abram nos alcanzaría a nosotros también. Nuestra fama correrá por toda la tierra y en todas las naciones nos dirán bienaventurados, bendecidos, eso también es para nosotros. Cuando yo era niño, mi padre era pastor en una pequeña ciudad fronteriza en México; tengo recuerdos que permanecen en mi memoria de ese tiempo, en que la historia de mi vida empezaba a escribirse. Había una señora en el barrio donde vivíamos, ella se llamaba Carlota. Esta mujer era conocida por todos en ese lugar de la colonia. ¿Por qué era tan conocida? Porque tenía un pequeño negocio: una tortillería. Ella no era cristiana, no era congregante de nuestra pequeña iglesia, pero todos los lunes, religiosamente por la mañana, mandaba a su esposo, don Naty, a llevarle los diezmos al pastor de esa pequeña congregación (mi padre).

Doña Carlota era muy carismática, ya era anciana y cómo olvidar (en lo particular) que era una mujer muy malhablada, regularmente les recordaba la progenitora a todos los clientes. La tortillería de doña Carlota, siempre tenía largas filas de clientes que acudían asiduamente a comprar. Nuestra madre nos mandaba, habitualmente a mis dos hermanas y a mí, a comprar las tortillas. Siempre que llegábamos había una interminable fila de personas.

Cuando ella nos llegaba a ver haciendo fila, nos pegaba un grito y decía: ¡Hijos del cura! y luego le agregaba una retahíla de maldiciones: *Hijos de la tal por cual, ya les he dicho que ustedes no tienen que hacer fila, se van a contaminar con estos hijos del diablo*. Nos invitaba a pasar al cuarto donde tenía un comal grande, en él, se hacían tortillas a mano. Nos sentaba a un lado del comal y ponía frente a nosotros un molcajete con una salsa tatemada. Cuando se inflaban las tortillas, las abría de un lado, les echaba salsa y nos las entregaba, acompañadas con una Coca Cola ¡bien fría!, cómo olvidar esos momentos tan dichosos para mis hermanas y para mí.

Ya que estábamos satisfechos, nos daba el kilo de tortillas o la cantidad que nuestra madre nos había ordenado comprar. ¿Les comento algo?, ¡nunca nos cobraba! ¿Que cómo llegábamos a nuestra casa? ¡Contentos y agradecidos!

Así que cada lunes, como ya era costumbre, esperábamos con ansias, emocionados y con expectativa, a que llegara don Naty con los diezmos; aunque no eran términos coloquiales los que usaba doña Carlota, en el punto de vista cristiano, ella no cumplía con los estándares de una cristiana, pero qué curioso, diezmaba más que la gente de la congregación de mi padre.

En ese tiempo, a doña Carlota (de 83 años) le diagnosticaron cáncer, pero ella siguió siendo la misma mujer alegre, ocurrente y carismática. Por experiencia, sabemos que Dios es Dios de milagros y eso hizo en la vida de doña Carlota: ¡la sanó del cáncer en el estómago! Llegó a su vida la sanidad prometida, por *la ventana* que ella abrió de par en par, por su fidelidad en los diezmos, porque las cosas con Dios así funcionan. Dios, en una de sus manifestaciones en los libros de Antiguo Testamento, se mostró como el Dios Rafa, el Dios que sana. Hay un buen número de pasajes en las Escrituras que nos mencionan el poder sanador del Dios de Israel y en el tiempo del nuevo pacto de la obra sanadora de Jesucristo.

Así se cumplió la palabra del Señor por medio del profeta Isaías quien dijo: Se llevó nuestras enfermedades y quitó nuestras dolencias Mateo 8:17 NTV.

El Dios que sanó a doña Carlota, es el Dios Rafa. Como reconocimiento y agradecimiento por su sanidad, doña Carlota decidió entregar su vida al Señor —igual su esposo. Después de su conversión, hasta los últimos años de vida, sirvió al Señor. Murió siendo anciana, pero feliz, alegre, plena. Su forma de hablar cambió, el lenguaje soez, ¡desapareció!, dejó de decir maldiciones y su clásica "mentada de madre". Doña Carlota en su nueva vida, compartía a todas las personas el amor de Jesucristo. Como dicen las Escrituras: *Dios hace nuevas todas las cosas.* Don Naty sirvió en una congregación (de la ciudad de San Luis Río Colorado) todos los años que Dios le permitió vivir. Por su negocio, adquirieron media manzana de un terreno por los mismos rumbos donde vivían. Antes de morir, don Naty donó todo el terreno que entre él y su esposa habían comprado, lo cedió a un ministerio que lo utilizó para bendecir a muchas personas.

Las ventanas de los cielos no sólo fueron abiertas para esta pareja ¡en vida!, sino aún después de su muerte.

¿Qué vemos en esto que he narrado?, un claro ejemplo de cómo Dios reprendió por ellos al devorador.

Aunque aparentemente doña Carlota no sabía mucho del diezmar, quiero pensar que algo leyó o escuchó en alguna etapa de su vida, que la impulsaba a diezmar frecuentemente y de corazón. Tal vez ella ni siquiera conocía los beneficios de diezmar, pero ellos recibieron con creces la bendición de hacerlo. Al dar la porción establecida por Dios, permitió que se cumpliera en ellos la promesa de Dios, por el acto de obedecer este mandamiento.

Dios reprendió al devorador por ellos y bendijo ampliamente el fruto de su tierra, que era primero y sobre todo, su matrimonio que perduró hasta sus muertes. El devorador jamás los tocó, su pequeña empresa de tortillas cada vez prosperaba más. Compraron propiedades, se les abrió la ventana de la salvación y salud divina. Ambos han viajado conmigo a 56 países del mundo, porque adondequiera que voy, testifico de ellos, ¡se hicieron famosos! Recuerdo que en África, unos pastores me decían: *Cuéntanos otra vez la historia de doña Carlota y don Naty.*

Tengo un amigo en Uganda que ¡después de veinte años! de haber escuchado el testimonio de doña Carlota, ¡lo sigue contando! Me compartió que la llevó a Inglaterra, ¡a toda Europa!, a todos los países de África que ha visitado; la ha llevado con él a Nueva York, a Miami, ¡por todo Estados Unidos!

Lo sorprendente es que ella nunca imaginó que aquel niño de tan sólo nueve años, de aquel barrio polvoriento de la ciudad sonorense, San Luis Río Colorado, algún día testificaría de ella ¡por todo el mundo!

No solamente era el hecho de llevarnos el diezmo, sino su preocupación y acto de compasión para proveernos de alimentarnos ocasionalmente y cuando íbamos a comprar tortillas, no cobrarnos. Nos comentaba: "*Esta es una ofrenda para ustedes, una ofrenda de amor y bendición*". Doña Carlota ¡nunca de los nunca! pensó que esas acciones marcarían mi vida y que testificaría de ella por todas partes.

5. *SERÉIS TIERRA DESEABLE*

En el testimonio de doña Carlota, vemos el cumplimiento de esta promesa de Dios, porque cuando testifico de la vida de esta pareja, mucha gente me ha comentado que ellos quieren ser como doña Carlota y don Naty, porque al cumplir estos principios, te conviertes en tierra deseable.

CAPÍTULO IX
SANA TU TIERRA

Fue en los años noventa, después de viajar ministrando a través del canto, tiempo en el que Dios me permitió hacer varias producciones musicales, se me abrieron puertas en varios países a los que viajé cantando y compartiendo la Palabra. En medio del desarrollo y crecimiento en esa área de mi vida, en lo interno de mi ser, yo guardaba en mi alma el llamado que Dios me había hecho desde mi niñez —que iba a ser pastor algún día; llamado al que yo me resistía por un sinfín de argumentos.

Peleaba conmigo continuamente, a pesar de lo fuerte que era el anhelo en mi corazón de un liderazgo, me rehusaba a llevarlo a cabo. Como dicen en México: *le sacaba la vuelta a convertirme en pastor.* Una de las razones más fuertes era lo que comenté al inicio de este libro, que mi abuelo había sido un pastor muy pobre, alguien que vivió en extrema pobreza. De la misma manera, mis padres eran pastores desde su juventud e infinidad de veces observé cómo luchaban con la escasez económica. En mi niñez y adolescencia, era común que se enseñara (dentro de la denominación cristiana a la que pertenecía —y no con mala intención), lo que yo consideraba una mala doctrina.

Algo muy recurrente en los pastores de ese movimiento, era que el ser pobre era sinónimo de santidad y humildad. Vivir en pobreza y escasez, era parte de las pruebas que había que padecer a causa del evangelio. Entre más pobre eras como pastor, ¡más santo eras!, más consagrado a Dios vivías. Mi abuelo (quizá para muchos) fue considerado como un santo, por su forma tan sencilla de vivir.

Fue tanta su santidad que el día que murió, el doctor que lo atendió, expresó: "*Este hombre murió de hambre, sus intestinos se pegaron por falta de alimento*". Analizando todo eso en mi entorno cercano, ¿cómo es que yo aún así, pretendía y anhelaba ser pastor? Me resistía a ser pastor porque, no sólo mi abuelo y mi padre vivían en una condición de pobreza (que a mí no me parecía correcta), también decenas de pastores con quienes yo convivía en los años de mi juventud.

Yo trabajaba en una compañía reconocida a nivel internacional y me iba muy bien económicamente, me sentía satisfecho y realizado. Dedicado al ministerio del canto, viajando por mi país, México, por Estados Unidos, Centro y Sudamérica; yo sentía que igual estaba cumpliendo con el llamado que Dios me había hecho de *ir a las naciones*. Pero la incomodidad e insatisfacción en mi alma por el llamado a ser pastor, era constante y recurrente.

En 1994, fui invitado a ser el coordinador de finanzas de las cruzadas del televangelista Benny Hinn —para América Latina. Desde 1986 mi padre era pastor de una congregación pequeña, en Phoenix, Arizona, eran alrededor de cuarenta adultos, pocos niños y algunos jóvenes. Ocasionalmente mi padre me invitaba a predicar en su iglesia, pero la mayoría de las personas no me recibía bien. Una de las razones era porque ellos estaban enterados de que yo ministraba en diferentes grupos que no eran de la denominación a la que pertenecíamos, la cual era en extremo legalista y apegada a tradiciones. Todo lo que no les parecía bien a ellos (que fuera diferente a lo que habían aprendido y practicado por décadas), era malo, incorrecto o fuera de lugar.

Cuando algunos de ellos se enteraron (porque hay noticias que corren como reguero de pólvora) de que Diego Moreno Junior estaba viajando con Benny Hinn, un evangelista que recorría el mundo entero enseñando sobre sanidad, milagros y prosperidad, ¡pegaron el grito en el cielo! Se reunieron con mi padre para informarle que no estaban de acuerdo en que me invitara a predicar, porque me había convertido en un *ministro de la prosperidad.* Mi padre escuchaba sus argumentos, pero a pesar de la actitud de estos congregantes hacia mi persona, continuó invitándome. Le comenté:

—*Papá, no me siga invitando, ¿para qué se mete en*

problemas? Ellos no me aceptan y eso le puede acarrear problemas serios con la denominación.

En una ocasión, regresando de viaje por la cruzada de Benny Hinn en Argentina, recuerdo muy bien que era de madrugada cuando yo viajaba en un avión, como a 40 mil pies de altura, Dios me dijo:

—*Ya es tiempo de que te establezcas en algún lugar y tomes un pastorado.*

—*Lo más seguro es que va a ser una iglesia próspera que la denominación me entregará. Tengo un ministerio en el canto, soy reconocido, viajo con un evangelista muy famoso, por lo tanto, me merezco "una buena iglesia". Me ha tocado conocer en todos estos años, muchos liderazgos de Estados Unidos con congregaciones muy grandes y seguramente uno de ellos me va invitar a ser parte de su staff de pastores* —pensé inmediatamente.

En medio de estos pensamientos que me rondaban, Dios me habló y dijo:

—*No es ninguna congregación de las que tú estás pensando, donde serás pastor. No será una iglesia reconocida y próspera. Será la iglesia que pastorea tu papá, esa es la que yo he escogido para que inicies tu primer pastorado.*

—*¡No puede ser!* —le respondí al Señor.

Intenté explicarle a Dios por qué yo no podía ser pastor en ese lugar. Qué curiosito yo, como si Dios no estuviera enterado que mi presencia, para algunas de las personas de esa congregación, no era grata.

En ese momento pensé que estaba soñando, que era sólo una mala noche, una pesadilla que estaba teniendo.

Yo estaba al tanto de la situación y condiciones de la iglesia donde Dios quería que liderara; cómo no saberlo si mi padre era el pastor y yo estaba enterado de la situación económica de ese lugar —que no era nada buena.

—*Tú y yo sabemos de la economía de esa iglesia, ¿pusiste atención en algo? Tengo una esposa, tengo dos niñas.* Le expuse al Señor una serie de excusas, según yo, muy válidas.

—*Esa es la iglesia que vas a pastorear* —dijo el Señor, claro y enfático

Pronto vería a mi padre, así que le pregunté a Dios:

—*¿Qué hago al respecto?*

—*Cuando llegues a casa de tu padre, habla con él y coméntale todo lo que hemos platicado. Él está enterado y apercibido* —me respondió.

ENTRE LA OPOSICIÓN Y LA OBEDIENCIA

Cuando llegué a Phoenix (a mediodía), lo primero que hice fue hablarle a mi padre, le dije que me urgía platicar con él. Le pedí que nos reuniéramos en un café cercano a la iglesia donde él era pastor. Estaba un poco nervioso, no encontraba la forma de cómo decírselo. Por fin me atreví y le dije lo que Dios me había dicho en el avión. Mi padre me escuchó con atención y me afirmó lo que yo le estaba diciendo, me comentó:

—*Esto viene de Dios, hijo, porque esta madrugada, Dios me habló y dijo lo mismo. Vamos a hablar con el superintendente de la denominación para poder hacer la transición y después hablamos con la congregación* —me dijo en ese instante.

Definimos el día en que viajaríamos a California para hablar con el superintendente, ya me conocía y precisamente él era una de las personas (fuera de la congregación de mi padre) que tampoco estaba de acuerdo en que yo estuviera viajando con Benny Hinn. Para él, yo no era una persona grata en ningún sentido, aun así mi padre insistió en ir a platicar con él. Dos meses después llegué a Phoenix de nuevo. El superintendente de California y el supervisor de las iglesias de la ciudad, tuvieron una junta con la congregación ese domingo —a la cual yo no asistí por petición de esos líderes. Ellos preguntaron a la congregación sobre mi persona y qué opinaban respecto a que yo fuera su pastor. Cuando fue sometida la petición a votación, la mayoría respondió que no. Había rumores en cuanto a mi persona y cómo ejercía mi ministerio en el canto. Después de esa reunión, el supervisor y el superintendente que había venido de California), nos pidieron a mi padre y a mí, que nos subiéramos al auto con ellos —en esa iglesia no tenían oficina y el auto de uno de ellos, hizo el papel de oficina.

Ahí nos dieron la noticia de que no podía quedarme como pastor. El supervisor de las iglesias de la ciudad, sacó una lista de cuatro o cinco acusaciones que había hecho la gente de la iglesia —por supuesto, todas falsas. Después de escucharlos, pregunté si tenían pruebas de las acusaciones que me estaban haciendo, porque si las tenían y me comprobaban cada una de ellas, yo las aceptaría —yo estaba seguro de que no las tenían pues todo era falso. Mi padre abogó por mí y les dijo: *denle la oportunidad, Dios nos habló a los dos sobre lo mismo*. El superintendente se sonrió irónicamente y comentó:

—*Si Dios les hubiera hablado, por ende, toda la congregación habría votado a favor. Tú ya estabas enterado de lo que la gente pensaba acerca de tu hijo y que todos votarían en contra y que no podría ser nombrado pastor* —le precisó a mi padre.

Mi padre se entristeció, igual yo. Aunque yo estaba convencido de que Dios nos había hablado a mi padre y a mí, en ese momento tomé la decisión de continuar viajando. Simplemente quería ser obediente a la voz de Dios. Confieso que no era porque no tenía nada qué hacer, no estaba de ocioso, estaba muy ocupado, en ese tiempo viajaba con Donald Summer, un televangelista de

Inglaterra, me iba muy bien en todos los aspectos. Viajaba regularmente con él y alternando con Benny Hinn. Esos años fueron muy fructíferos para mi vida y ministerio. A finales de 1995, el superintendente de California, enfermó, le dio parálisis cerebral y fue sustituido por alguien más. En su lugar enviaron otro superintendente que coincidió que era muy amigo de mi familia. Cuando él fue nombrado, no quise usar la influencia de la amistad de años con la familia ni que me diera la iglesia en la que Dios me había confirmado que sería pastor.

Dios me recordaba constantemente la plática que había tenido conmigo en el avión. A principios de 1996, era tan fuerte el trato de Dios conmigo —y mi padre me lo recordaba continuamente también. Nuevamente mi padre me animó para ir a platicar con el nuevo superintendente. Después de pensarlo por algunos días, tomamos el camino a California y al nuevo superintendente le relatamos todo lo aquí narrado, de cómo Dios nos había hablado a mi padre y a mí, de la reunión que se había tenido con la congregación en el año de 1994 —para ver si me aceptaban como pastor. Le comentamos que la respuesta de la congregación había sido un rotundo "no". La reunión con este nuevo superintendente, la tuvimos en el mes de enero, nos dijo que en febrero tendría una reunión con la congregación. Continué viajando y a mediados de febrero, al hacerse de nuevo todo el procedimiento con la congregación para que me designaran como pastor, determinaron mediante votación, otra vez que no. Después de esa junta, el superintendente me dijo:

—*Voy a romper la regla, iré contra lo establecido en los reglamentos de la denominación. Te lo repito, Diego, por esta vez, aunque las votaciones han sido en tu contra, y nadie te quiere aquí, pero de la misma manera que a tu padre y a ti, Dios me habló y me dijo que "tú tenías que ser pastor de esta congregación". El 3 de marzo, regresaré a instalarte como pastor.*

Le comentó a la congregación su decisión y que estaban cordialmente invitados a la transición. Yo tenía un viaje con Donald Summer a la ciudad de Mazatlán (México), antes de irme al viaje, una persona de la congregación me citó en una casa donde estaba la mayoría de personas que no me quería como pastor.

Cuando llegué a la reunión, me dijeron que por favor no aceptara el cargo.

—*No puedo resistirme más al llamado de Dios sobre mi vida* —les respondí.

—*Si tú eres nombrado pastor de nuestra congregación, no vamos a apoyarte en nada, menos en los diezmos y las ofrendas, para que te mueras de hambre* —me dijeron.

Me puse de pie y salí de la casa, decidí regresar, abrí la puerta y les dije:

—*Si ustedes no diezman ni ofrendan, Dios enviará cuervos*

como a Elías, para sostenerme, yo seré fiel al llamado de Dios para mi vida.

Se sonrieron y uno de ellos dijo:

—*Pero resulta, Diego, que tú no eres el profeta Elías.*

Me marché del lugar más que decidido, tenía claro el llamado de Dios para ser pastor en esa pequeña congregación al sur de Phoenix. Unos días después, estando en una cruzada en Mazatlán, me levanté muy temprano por la mañana y me fui a caminar a la playa, a platicar con Dios.

—*¿Estás seguro de que me quieres en ese lugar? Tú lo sabes todo y sabes que esa gente no me quiere, ¿no podrías cambiar de opinión?* —le dije a Dios.

No obtuve respuesta, pareciera que Dios estaba sordo a mi petición. Continué caminado por un buen rato, hablándole a Dios en voz alta en medio de la soledad en la playa. Cuando menos pensé, ya había recorrido como tres kilómetros.

No obtuve respuesta de parte de Dios en cuanto a algún cambio de parecer. Emprendí mi regreso al hotel, me detuve un momento y le expresé a Dios:

—*Te lo recuerdo de nuevo: en esa congregación hay una mala economía* —argumenté a Dios y...

—*Enséñales a dar, porque si no les enseñas a dar, los vas a enseñar a robar* —muy claro me lo dijo.

—*Si así no me quieren, entonces no sólo no me querrán, me van a odiar cuando les empiece a enseñar lo que me pides* —sonriendo, le respondí a Dios.

—*Lo único que va a suceder, es que voy a sanar su tierra y saldrán de la miseria y pobreza. Cuando aprendan a honrarme, ya verás que todo cambiará por completo en sus vidas y la vida de la congregación. Te he estado preparando todos estos años para que ahora experimentes en esta congregación, todos los principios que has aprendido* —me precisó.

—*Señor, está bien, te voy a creer* —le dije.

UN CAMBIO RADICAL

Tres días antes de tomar la congregación, regresé de ese viaje y mientras se acercaba el día, me ponía un poco nervioso... Por fin llegó el 3 de marzo de 1996. En el templo que medía sólo veinte pies de ancho por cuarenta de largo (6 por 12 —metros). Se encontraban los congregantes que normalmente asistían. Comenzó la reunión y todo estaba dentro de la normalidad en cuanto al protocolo de ese tipo de eventos. Cuando terminó el tiempo de la alabanza, continuó el protocolo del recibimiento; después pasó el superintendente y dio un sermón de alrededor de quince minutos, la temática era sobre la importancia de la obediencia al llamado de Dios.

Al terminar el pequeño sermón, mencionó estas palabras:

He tomado la decisión; a pesar de que todos ustedes votaron que no al nombramiento de Diego como pastor, Dios me habló, me dijo que "él debía ser el pastor de esta iglesia". Le voy a pedir a Diego y a Evelia, que pasen, los vamos a ungir; pero antes de orar por ellos, por favor, pónganse de pie todos los que van apoyar a Diego en el nombramiento. De los cuarenta adultos, solo cinco personas se pusieron de pie. Eran: mi papá, mi mamá, mi hermana, mi hermano y un viejito sordo que estaba allí.

La gente le decía: *Siéntese, hermano, por favor, siéntese, hermano* —pero como no escuchaba muy bien, permaneció de pie. Al terminar la reunión, las personas inconformes (que eran la mayoría de los congregantes), me reclamaban el porqué había yo aceptado ser pastor. Mi postura era de templanza, yo sólo los escuchaba tranquilamente. Yo estaba convencido de que Dios me había escogido para ser pastor en ese lugar. Entre las primeras cosas que hice después de mi nombramiento como pastor, fue llamar a los cinco músicos que había en la iglesia, a cada uno de ellos le pregunté si diezmaban. Absolutamente todos me dijeron que no. Les pregunté por qué no lo hacían.

—*Es que mi papá es pastor en México y le mando mis diezmos a él* —me dijo uno.

—*Yo soy hijo del maestro de la escuela dominical, él no cree en diezmar, por eso yo no diezmo* —me dijo otro de ellos.

—*Soy hijo del asistente del pastor y tampoco cree en diezmar* —dijo otro.

—*Muy bien, en las siguientes reuniones, que son martes, viernes y domingo, ustedes no van a tocar* —les dije.

—*¿Por qué?* —los cinco me preguntaron casi al unísono.

—*Por ladrones* —les respondí.

Para algunos esto puede sonar un poco drástico, radical, extremo, pero el punto aquí no era apuntarles con el dedo, acusarlos, ponerlos en evidencia, sino que ellos entendieran que diezmar y ofrendar, además de ser un privilegio, es el clímax de nuestra adoración a Dios, porque ese dinero representa parte de nuestra vida dejada en un trabajo como empleados, en nuestro negocio o empresa. Aunque se molestaron por lo que les había dicho, a la siguiente reunión, llegaron preparados para tocar y les dije: *No van a tocar, yo lo voy a hacer.*

Se enojaron conmigo, estaban literalmente *sacados de onda*; en ese momento no estaban entendiendo mi posición, me di a la tarea de enseñarles los principios eternos de diezmar y ofrendar, no sólo lo hice con los músicos, sino con la congregación entera. Yo no tomé esta congregación por dinero, porque no había dinero. Mi presupuesto para vivir en ese tiempo, para mis tres niñas (en ese entonces), mi esposa y yo, era de 2600 dólares al mes. No era mucho dinero, en esa iglesia entraban regularmente 300 dólares por mes. Parte de ese dinero eran de las "vendimias" de alimentos (que algunas de las hermanas hacían después de cada servicio), como: tacos, tamales, burritos. La verdad, no entraba mucho dinero de esa actividad, porque la mayoría de las personas pedía fiado y nunca pagaba, era un soberano desorden todo el asunto de la vendimia en esa pequeña congregación. A partir del día en que fui oficialmente pastor, antes de predicar, me tomaba quince minutos para hacer lo que Dios me había mandado hacer —y lo tenía siempre presente: *Enséñales a dar, porque si no, los vas a enseñar a robar.* Al estar compartiendo esos principios, un hermano en la congregación, se puso de pie:

—*¿Ya vas a empezar con tu doctrina de la prosperidad?* —dijo.

—*No, simplemente estoy enseñando que ya no le roben a Dios* —le dije.

—*Por eso no queríamos que te quedaras de pastor, porque todo lo que nos enseñas, lo aprendiste con el evangelista, con Benny Hinn, de todos esos gringos que hablan de prosperidad* —me respondió.

—*¿Tú diezmas?* —le pregunté al hermano que me estaba reclamando.

—*Claro que no* —me respondió.

—*¿Por qué no lo haces?* —le pregunté.

—*Porque apenitas pago la renta de mi casa, apenitas pago el servicio de la luz, apenitas pago el agua, apenitas tengo para comer, apenitas me alcanza para vivir* —me respondió.

—*Pues a partir de hoy serás el hermano "apenitas"* —le dije en son de broma.

Se molestó bastante porque todos los allí reunidos, se rieron. Lo vi muy decidido a irse del servicio y le dije:

—*No te vayas. ¿Cuánto ganas por semana?* —le pregunté.

—*350 dólares* —respondió.

—*Entonces debes diezmar 35 dólares* —le dije.

Yo había estado hablando de "Él reprenderá por vosotros al devorador y el fruto de tu tierra, no lo va tocar nadie, ni a tus hijos ni familia". Me bajé del púlpito, tomé un sobre y le dije:

—*Pon aquí 35 dólares de diezmos, y si no funciona la enseñanza, el próximo domingo te regreso el dinero.*

—*¿Estás seguro?* —preguntó.

—*Sí* —le respondí, seguro de lo que hacía —*tengo toda la congregación de testigo.*

—*Conste, todos ustedes son testigos de este reto que Diego me está haciendo* —dijo.

Puso los 35 dólares en el sobre. Después de poner los 35 dólares, le dije:

—Pon 35 más, de ofrenda.

—¿Me quieres dejar sin dinero? —dijo, pegando un grito.

—Claro que no —le respondí.

—Entonces, ¿por qué tengo que poner 35 dólares más?

—Porque hasta en las ofrendas le has robado a Dios.

—Está bien, te voy a creer —respondió y sacó de su billetera 35 dólares más y los depositó en el sobre.

Al inicio de la nueva semana, observé que el hermano que había retado, no apareció en ninguna de las reuniones a las cuales tenía como costumbre llegar. En esa primera reunión que tuve como pastor, recuerdo que entraron mil dólares de diezmos y ofrendas, que era en promedio el ingreso de tres meses. Déjeme hago un paréntesis: desde que tomé la iglesia (y como parte de la liturgia), cada domingo terminando la alabanza —poco antes de la predicación— por quince minutos enseñaba sobre diezmos y ofrendas. De nuevo puse atención en cuanto al hermano que reté y no llegó durante la semana siguiente. A quien reté con lo de los setenta dólares de diezmos y ofrendas, seguía sin hacerse presente.

Yo traía conmigo en un sobre esos setenta dólares por si llegaba a reclamarme. Un domingo de reunión después de levantar los diezmos y ofrendas, empecé a predicar.

En medio de la predicación, vi que aquel hombre flaco,

alto, vestido de vaquero, se paró en la puerta de la iglesia, continué predicando. No entendía por qué no pasaba, le dije amablemente: pasa, siéntate. En lugar de sentarse, se vino al frente del altar donde yo estaba predicando. Al acercarse, vi que estaba bañado en lágrimas, yo me sorprendí, porque era un hombre en apariencia duro, grosero, bravucón, arrogante. Al verlo empapado en lágrimas, le pregunté:

—*¿Qué tienes?, aquí tengo tus setenta dólares.*

—*No, mejor présteme el micrófono, quiero decir algunas palabras* —me dijo.

Obvio, yo no se lo quería soltar, pensé que me iba a dar con él en la cabeza.

—*No tenga temor* —me dijo.

Con ciertas reservas, le pasé el micrófono y comenzó a temblar, continuó llorando de una manera extraña. Entre sollozos, dijo:

—*Quiero pedirle perdón, pastor, primeramente a Dios, después a usted, por haberlo ofendido tanto y no reconocerlo como mi autoridad, porque en aquella reunión que tuvimos dos semanas anteriores a que usted fuera pastor de esta iglesia, donde lo amenazamos con que no íbamos a diezmar para que se muriera de hambre, yo fui uno de los organizadores de dicha reunión. Quiero pedirle perdón a toda la congregación, por ser de mala influencia, de incitar a la gente a que no diezmaran. Pastor, yo he sido el jefe de esta pandilla de ladrones.*

—¿Por qué el cambio tan radical? —le pregunté.

—Debo confesar que lo que usted nos enseñó en domingos anteriores, "que Dios iba a reprender por vosotros al devorador" y "que no tocaría a nuestras familias", eso me sucedió el día viernes. Un día de la semana que estaba en mi trabajo, recibí un llamado de la policía, me avisaron que necesitaba presentarme en la calle 7 y Broadway, porque mi hija y mi nieto, acababan de tener un accidente. Salí inmediatamente de mi trabajo. Me sentía como flotando, ansioso, temeroso, entre lágrimas, porque me dijeron que había sido un accidente trágico. Al llegar a la escena del accidente, vi que el carro de mi hija estaba hecho un acordeón. Mis lágrimas siguieron rodando, mis piernas se debilitaron, casi caigo desmayado. Cuando de pronto, alguien me agarró la mano y me dijo "abuelo, no llores, mi mami y yo estamos bien". Volteé y vi que mi hija y mi nieto, no habían sufrido ningún rasguño.

Otro comentario de su testimonio, fue que la policía le dijo que no se explicaban cómo habían salido de ese automóvil, vivos y sin un rasguño. Y continuó:

—En ese preciso momento que los policías mencionaron eso, yo les dije con convicción: "yo sé por qué, mi pastor me dijo el domingo pasado, que si yo honraba a Dios con mis diezmos y ofrendas, el devorador no iba a tocar a mi familia".

Cuando él dejó de hablar, la congregación entera estaba postrada en el suelo, todos llorando, quebrantados, pidiéndole perdón a Dios por su desobediencia. Ese domingo, era el segundo domingo que yo era pastor oficial de esa iglesia, recuerdo que hubo una entrada de 2600 dólares, que era el ingreso de seis meses y medio en nuestra pequeña iglesia.

EL MINISTERIO DE "LOS TAMALES"

Ese día, al terminar la reunión, vinieron cuatro hermanas jóvenes de la iglesia y me dijeron:

—Somos del "ministerio de los tamales" y hemos votado por decisión unánime, que Evelia, tu esposa, sea la directora ejecutiva del ministerio.

—Mi esposa no es cocinera de nadie, ni cocinar sabe, menos hacer tamales; si ella me quiere cocinar bien y si no, yo me cocino. A partir de hoy, si quieren hacer tamales el próximo domingo, traigan quince docenas de tamales y yo les diré qué hacer, pero ustedes los van a hacer, no mi esposa. Póngale suficiente carne, que queden bien reportados —les dije.

Pues es que por lo general, a los tamales que venden en las iglesias, le ponen muy poquita carne.

—Es para que rinda, pastor —me dijo una de ellas.

—*Por favor* —les repetí— *que las quince docenas estén ¡bien reportadas!*

Ese domingo hubo una entrada de 3000 dólares, era el último domingo del mes. Cerramos el mes con una entrada de 3600 dólares. Eso nunca se había visto en esa iglesia. Al terminar la reunión, me puse de acuerdo con unos hombres de la congregación. Les mandé quitar las sillas y poner mesas.

—*Las hermanas hicieron tamales para vender, como de costumbre, pero los tamales esta vez serán gratis. Porque a partir de hoy, no se va a vender la comida en esta iglesia, si quieren seguir haciendo comida, va a ser para convivir* —les dije.

—*¿Quién va a pagar los tamales que hicimos?* —dijeron las hermanas, pegando el grito en el cielo.

—*¿A cuánto dan la docena?* —les pregunté.

—*A diez dólares la docena, pastor* —respondió.

Saqué públicamente los 150 dólares y se los entregué a una de ellas. Todos los ahí reunidos, disfrutamos esas docenas de tamales y convivimos con mucha armonía. Les dije:

—*Yo pagué los tamales, ustedes pongan lo de los refrescos.*

UNA CONGREGACIÓN TRANSFORMADA

El resultado de enseñar en esa congregación los principios sobre diezmos y ofrendas, provocó un avivamiento financiero. Llegaron nuevos congregantes, algunos de ellos aceptaron a Jesús en su corazón. Se desató una ola de milagros. En cada reunión que teníamos, había testimonios financieros, sanidades y todo tipo de milagros, ese fue el resultado de practicar esos principios.

Hubo sanidad en la tierra de cada congregante en nuestra iglesia. La iglesia que me fue entregada cuando fui nombrado pastor, recibía sólo trescientos dólares al mes; a los seis meses había una entrada de cuarenta mil dólares por mes.

Al poco tiempo (en menos de un año) tuvimos la capacidad para comprar dos acres que estaban a un lado de nuestra iglesia. El Señor atraía a nuestro lugar de adoración, hombres de negocios y se empezaron a levantar hombres en la congregación que iniciaron sus propios negocios. Junto con la enseñanza de estos principios, empecé a hablar sobre las microempresas, porque entendí que muchas microempresas, hacen una gran empresa. Personas de nuestra iglesia que eran pintores de casas y trabajaban para compañías de la construcción, los animé a que iniciaran su propia compañía de pintura.

A algunos de ellos, que no tenían dinero suficiente para comprar sus herramientas, les presté dinero para que compraran herramienta y maquinaria para que emprendieran su propia compañía, con el único compromiso de que le dieran a Dios el veinte por ciento de sus entradas.

Se crearon compañías inmobiliarias, de pisos, de remodelación de casas, pintura y negocios de comida... Con gozo y alegría, honraban a Dios con sus diezmos y ofrendas.

Fue un avance extraordinariamente bendecido para nuestra congregación. Con fe inquebrantable, aplicamos estos principios y fuimos testigos de una profunda transformación que tocó numerosas vidas. Sin embargo, lo más impactante de todo esto fue nuestra capacidad para llevar el mensaje de Cristo a quienes se encontraban perdidos en el mundo. Hoy, elevamos nuestras voces en honor y gratitud al Señor, quien nos ensanchó el territorio para alcanzar a estas almas y presentarles el inmenso regalo de la salvación. La buena noticia es que, de la misma manera en que Dios nos usó para esta obra, tú también puedes ser un instrumento en Sus manos para llevar Su amor y esperanza a quienes más lo necesitan.

Cuando la tierra está sana, se manifiesta la prosperidad de Dios en todas las áreas de nuestras vidas, porque caminamos bajo cielos abiertos.

CAPÍTULO X
90%

En los primeros capítulos de este libro, me enfoqué en la importancia del diezmar, de cómo el pueblo de Israel le había robado a Dios en los diezmos. La mayoría que enseñan sobre el diezmo, pasan por alto lo que leemos en Malaquías 3:8; Dios dijo también: *Me han robado en las ofrendas.*

Muchas personas piensan que el diezmo es de Dios y el 90 por ciento les pertenece a ellos. Pero el 90 por ciento, tampoco nos pertenece. Cuando comprendo el señorío de Cristo sobre mi vida, entonces yo entiendo que el 90 por ciento ¡también le pertenece a Dios! Sólo que Él nos permite administrar ese 90 por ciento.

Como mencioné anteriormente, en ese 90 por ciento hay cosecha y hay semilla. Debo tener la sabiduría para administrar correctamente el 90 por ciento, porque no es mi dinero, es dinero ajeno, es dinero de Dios. Si le soy fiel en lo ajeno, Él me va a confiar lo que me pertenece.

En la congregación donde pastoree en los años noventa, les

enseñé estos principios. Había una hermana, que ganaba cien dólares a la semana, que no diezmaba ni ofrendaba, pero que entendió la enseñanza. Un día le dijo a su esposo:

—Le voy a creer a Dios. Creo completamente lo que el pastor Diego nos ha enseñado.

—Estás loca, ganas muy poco dinero —le dijo su esposo.

—La Biblia dice que "si soy fiel en lo poco, Dios me va a poner en lo mucho" —le dijo ella.

¿Me estás diciendo que le vas a dar diez dólares al Señor cada domingo?, porque solo ganas cien dólares —le preguntó el esposo.

—No, el domingo le voy a dar doce dólares —respondió ella.

—¿Por qué harás eso? —le preguntó el esposo.

—Porque diez, son el diezmo y dos dólares, son la ofrenda.

—Pues espero que sepas lo que estás haciendo, mujer —le dijo el esposo, muy molesto.

Aquella hermana (como lo había determinado), en fe, dio sus doce dólares el siguiente domingo. El lunes siguiente, después del compromiso que hizo de diezmar y ofrendar, al llegar a su trabajo, la llamaron a la oficina y le dijeron:

—María, a partir de hoy, te aumentaremos el sueldo a ciento veinte dólares por semana.

Ella llegó muy contenta a su casa, testificándole a su esposo lo que había hecho el domingo. El siguiente domingo, a nuestra iglesia no llevó doce dólares de diezmos y ofrendas, sino que llevó ¡quince dólares!, como si hubiese ganado ciento cincuenta dólares en la semana. Al llegar el lunes a su trabajo, la llamaron de nuevo a la oficina y le dijeron:

—*María, por tu excelente trabajo, ya no ganarás ciento veinte dólares a la semana, a partir de hoy, ganarás ciento cincuenta dólares.*

Llegó contenta a su casa, emocionada, feliz. Le testificó a su esposo lo de su nuevo aumento por segunda vez. Él continuaba incrédulo de lo que estaba sucediendo; con una actitud negativa, él le dijo:

—*Es pura casualidad, no tiene nada que ver con lo que estás dando, eso es lo que tú crees; lo que está produciendo un mejor sueldo, es por tu buen desempeño.*

—*Te voy a demostrar que no es por eso* —le dijo ella— *el siguiente domingo, no daré quince dólares de diezmos, daré veinticinco dólares de diezmos y ofrenda.*

Conforme su fe crecía, su sueldo aumentaba. El tercer lunes la llamaron de nuevo de la oficina y le dijeron:

—*María, a partir de hoy ganarás doscientos cincuenta dólares a la semana.*

A los seis meses, aquella hermana estaba ganando mil dólares a la semana. La nombraron jefa de departamento, con un buen salario; y por fin, su esposo se convenció de que la fe de su esposa y su fidelidad en diezmos y ofrendas, la habían catapultado. Fue un salto bastante significativo de los cien dólares a los mil dólares a la semana. No sólo se manifestó en su economía, se manifestó en una mejor relación con su esposo e hijos y en su salud. Recuerdo muy bien que, durante ese tiempo, un domingo llegó llorando a la congregación, porque dijo que mientras adorábamos a Dios, sin que nadie orara por ella, Dios hizo un milagro en su dentadura. Ella tenía todas sus muelas podridas y el dentista le dijo que "se las tenía que sacar todas", ese domingo por la noche, sintió que algo pasó en su dentadura.

El lunes antes de irse al trabajo, mientras se cepillaba los dientes, notó algo diferente en su dentadura, se revisó en el espejo y se dio cuenta de que tenía toda la dentadura nueva en su boca. La hermana fue y les dijo a su esposo e hijos, lo que le había pasado.

—*Ustedes son testigos de cómo tenía mis dientes.*

Su hija le hizo cita con el doctor para que él le diagnosticara lo que había pasado. Cuando llegó con el doctor, le dijo:

—*Doctor, Dios hizo un milagro en mis dientes.*

—*A ver, mujer, déjame revisarte* —incrédulo, el doctor, le dijo y luego y sorprendido al ver, le preguntó: ¿Dónde te hiciste este trabajo en tu dentadura?, te lo hicieron de una manera excelente y en muy poco tiempo. Mujer, este tipo de trabajo es de los más caros que existen.

—*Dios fue quien hizo el trabajo* —le respondió ella.

Por supuesto, el doctor se sonrió, para él no sólo era increíble, sino imposible. A María, no le importó que se sonriera, porque para ella no sólo fue un ahorro de su nueva dentadura, sino un milagro de Dios por su fidelidad a los principios que estaba practicando. En nuestra idiosincrasia como pueblo mexicano, todo lo referente a los diezmos y ofrendas, no es algo que esté arraigado como en los países árabes o en el pueblo de Israel; eso es algo que ellos practicaban y lo continúan haciendo. No se limitan a dar el diez, el veinte, el treinta, dan hasta el cincuenta por ciento de sus ingresos. Tenemos que entender algo: todo lo que damos sobre el diez por ciento, es ofrenda.

PRINCIPIOS UNIVERSALES

Quizá te preguntarás si todo esto aplica para los cristianos evangélicos y católicos, debemos comprender que estos principios (para quien los practica), serán de bendición. Fue el año 2009 cuando Warren Buffett dio la mitad de toda su fortuna para causas sociales, mencionó que su aportación se la estaba dando a la vida, para los pobres del mundo.

Algunos hombres millonarios entienden lo del diez por ciento como algo que es "regresarle a la vida", porque la vida ha sido benévola con ellos. La vida les ha concedido lograr sus metas. Pero cosa más interesante: la vida, ¡es Dios! Donando a los pobres del mundo, reciben por consecuencia, su recompensa. La Biblia dice: "*El que da al pobre, a Dios presta*", en la versión Nueva Traducción Viviente, leemos:

Si ayudas al pobre, le prestas al Señor, ¡y él te lo pagará! Proverbios 19:17.

Cuando Buffett dio la mitad de su fortuna para intentar disminuir la pobreza, era el tercer hombre más rico del mundo, pasó a ser el número 16. En una entrevista que le hizo Larry King para la cadena CNN, le preguntó a Buffett:

—*Dame tres claves para ser de los hombres más ricos del mundo.*

—*Número 1: Dar. Número 2: dar. Número 3: dar* —le respondió.

—*¿Con qué te quedas?* —preguntó Larry King.

—*Con lo que doy. Porque es lo que me sigue generando riquezas. Cuando doy, no me empobrezco, sino todo lo contrario, me enriquezco. El día que yo deje de dar, dejaré de recibir, de cosechar. Porque cada dólar que yo doy, es una semilla que siembro, y la semilla, cuando la siembro en buena tierra, tiene el potencial de traer cosecha* —le respondió.

Muchos de nosotros, estamos enterados de la vida de

hombres millonarios que han logrado tal riqueza, que los posiciona en la lista de la revista Forbes.

Considero que una de las razones principales, es que practican estos principios. El señor Carlos Slim, en México, donó en una región de mucha pobreza 300,000 mil computadoras. La prensa lo criticó por el hecho de donar a esa comunidad, si no contaban con acceso a internet. Su respuesta a la prensa fue: *Si no tienen internet, se lo vamos a instalar.* Carlos Slim, no solamente da empleo a miles de familias en México, Latinoamérica y Estados Unidos, también ha aportado a México millones de pesos al deporte, y gran parte de su fortuna, en obra social. Muchos piensan que los hijos de Carlos Slim pueden disponer de la fortuna de su padre y eso no es verdad. En una ocasión el comunicador Larry King, le preguntó:

—*Si uno de tus hijos te pide mil dólares, ¿se los darías?*

—*No* —le respondió.

—*¿Por qué no?* —le preguntó Larry King, sorprendido.

—*Porque yo les enseñé cómo hacer mil dólares, cómo multiplicar el dinero. Dos de las formas de multiplicar el dinero, para mí, es donándolo y administrándolo correctamente; por lo tanto, ninguno de mis hijos me pide dinero. Creo, en lo personal que, es responsabilidad de todo padre enseñar a sus hijos a ser generadores de dinero, porque si no lo hacemos, tendremos hijos parásitos que estarán todo el tiempo dependiendo de sus padres, y eso dará como resultado, que en vez de un bien, le estaremos haciendo mal* —le respondió Carlos Slim.

Tenemos que sacarnos la idea, la mala enseñanza, de que el practicar estos principios, es sólo para la nación de Israel y los descendientes de Ismael, que es sólo para cierto tipo de cristianos o sólo para gente millonaria, como lo he dicho varias veces, estos principios fueron establecidos desde la eternidad.

Ahora, analicemos la vida de otro millonario, pero de alguien de los tiempos bíblicos…

CAPÍTULO XI
JESÚS Y ZAQUEO

Mientras tanto, Zaqueo se puso de pie delante del Señor y le dijo: Señor, daré la mitad de mi riqueza a los pobres y, si estafé a alguien con sus impuestos, le devolveré cuatro veces más Lucas 19:8.

Zaqueo no sólo era cobrador de impuestos, era jefe de los cobradores de impuestos; por cierto, personas con muy mala reputación dentro del pueblo de Israel. El relato de Lucas, de este acontecimiento, es muy revelador en cuanto a lo que Jesucristo provocaba cuando caminaba por las regiones de Palestina.

En estos versículos de la Escritura, Lucas se extiende ampliamente y describe este hecho: Zaqueo fue un publicano adinerado de Jericó. Vivía en una región donde la producción y la exportación de bálsamo, eran actividades de mucha relevancia; era por lo tanto, una región comercial donde existía una muy buena economía, a causa de eso, había muchos impuestos que cobrar a los ciudadanos.

En Jericó también se fabricaban perfumes de alta calidad

y elevado precio. Era una ciudad muy próspera. Es en este entorno que el evangelista Lucas, nos relata de este hombre, conocido por su trabajo, por su riqueza y sin dudarlo, por su corta estatura. Quizá nos parezca irónico, pero este personaje tenía un nombre que, en origen griego, significa puro, inocente. La realidad es que por la actividad que realizaba, su mala reputación lo precedía, pero después de este encuentro con Jesucristo, su nombre tomó su verdadero significado.

Los publicanos eran los recaudadores de impuestos que Roma autorizaba. Roma calculaba los impuestos que se podían cobrar en un distrito o zona y licitaba esa cantidad a algunos judíos importantes. El que conseguía la licitación o arrendamiento, procedía a cobrar los impuestos a la gente, la mayoría de veces de forma injusta. Lo que aumentaba la ganancia de los jefes de publicanos, era que ellos podían cobrar de más. Estos personajes estaban respaldados por el imperio romano en sus fechorías. Por tales abusos, solían ser odiados y despreciados.

En este relato, nos enteramos que Zaqueo (el jefe de publicanos), supo que Jesucristo pasaría por su ciudad, se inquietó y pensó: *Me acercaré a observar el paso de este hombre de tan buena fama*.

Déjenme darles un ejemplo de lo que los publicanos hacían: vamos a suponer que Roma cobraba un diez por ciento de impuestos; los publicanos cobraban el veinte por ciento y hasta el cuarenta por ciento más a los ciudadanos y empresarios de cada localidad —donde Roma tenía dominio. Ellos sólo pagaban el diez por ciento a Roma; por lo tanto, se quedaban con el porcentaje extra que cobraban. Zaqueo, como era el jefe de publicanos, sus empleados tenían que entregarle todos los excedentes. Zaqueo era el jefe de la pandilla de ladrones que robaba ilegalmente por el poder que Roma les otorgaba. Tenían licencia para robar y lo hacían sin contemplación.

Lucas, el evangelista, uno de los mejores documentados de la vida y enseñanza de Jesús, en su paso y ministerio terrenal, escribió en los primeros versículos de su libro:

Después de investigar todo con esmero desde el principio, yo también decidí escribir un relato cuidadoso para ti, muy honorable Teófilo, para que puedas estar seguro de la veracidad de todo lo que te han enseñado Lucas 1:3-4 NTV.

Por lo descrito en los versículos anteriores, se puede constatar que este relato tiene validez histórica. Leemos el énfasis que el evangelista hace en cuanto a que Zaqueo no sólo era jefe de los publicanos, sino que también era un hombre muy rico, por lo tanto, poderoso y que se había enriquecido estafando a gente de su pueblo. Este personaje, a pesar que era un hombre prominente, se atrevió a caminar entre el vulgo con tal de conocer a Jesús.

Zaqueo había escuchado hablar de Jesús, de los milagros, de sus enseñanzas, de la popularidad, del reconocimiento que también tenía como maestro y profeta en toda la región de Palestina. Imagínense, en estos tiempos modernos, del uso tan cotidiano de las redes sociales, sin duda, Jesucristo tendría millones de vistas. Zaqueo el publicano, quería mirarlo de lejos, cuál sería su sorpresa cuando en medio de la multitud que rodeaba a Jesús, él miró hacia donde Zaqueo estaba y lo llamó, por obviedad y lo relatado por Lucas, ellos no se conocían.

Repito: Zaqueo quería mirarlo —era simple curiosidad. Había dejado sus asuntos, se había determinado ir al encuentro de Jesús; se dio una peinadita, se perfumó y corrió de prisa.

No debemos pasar por alto que además de la multitud que normalmente seguía a Jesús, siempre iba acompañado de sus discípulos y las mujeres que le servían; la gente se agolpaba, era imposible verlo y acercarse a él.

Zaqueo no quería perderse aquel espectáculo, así que se las ingenió para poder, al lo menos, verlo de lejos. No olvidemos que Zaqueo era de una estatura muy pequeña, no le quedó otra opción y se trepó en un árbol sicómoro. Zaqueo, en medio de la expectativa de mirar a Jesús, se olvidó de qué tan importante era él en la ciudad, su posición como jefe de publicanos y que era un empleado de Roma. Nada de eso le importó.

El Señor, que sabía todo, que conocía los pensamientos de los que le rodeaban, lo miró de lejos, al pasar por el árbol sicómoro donde Zaqueo se encontraba —quiero pensar que a Jesús este acto le provocó una leve sonrisa. Aunque Lucas no lo relata de esta manera, conociendo el buen sentido del humor de Jesús (que algunas veces manifestó), volvió a fijar su mirada en quien estaba arriba y le dijo:

—*¡Zaqueo!*

Al escuchar que el Señor lo llamaba, Zaqueo debió pensar: *Me llamó por mi nombre, ¡cosa más increíble!* Tal vez pensó: ¿Cómo es esto?, de todos los que le siguen en la multitud, me llama a mí por mi nombre.

El Señor sin mucho preámbulo, le dijo:

—*Date prisa, desciende, porque es necesario que pose yo en tu casa.*

Jesús no requirió de una invitación especial de parte de Zaqueo. En esta ocasión no pasó como en otras (que Jesús era invitado personalmente), esta vez no fue así, esta vez se invitó solo. Zaqueo descendió de prisa.

Lo que vemos aquí, que en el momento preciso en que Jesús le llamó, sucedió que la respuesta de Zaqueo fue inmediata, estaba reconociendo a Jesús como su Señor. De la sola curiosidad de Zaqueo, de querer verlo (aunque fuera de lejos), Dios en la eternidad a través de Jesús, tenía otros planes que revolucionarían la vida de Zaqueo —y de quienes lo conocían. Todo esto, lo recibió con gozo y alegría.

Jesús posaría en su casa, Zaqueo se sentía como un niño

que es visitado por su superhéroe. Su alegría se desbordaba, su cara no podía mentir. En ese momento era el hombre más empoderado de todo Jericó. Para Zaqueo todo esto era impensable, inverosímil, pero estaba sucediendo. Todo esto, era digno de un banquete, de una gran fiesta, de una celebración que sería recordada por siempre. Zaqueo estaba tan feliz y emocionado, que ni siquiera pensó en su esposa e hijos para avisarles que Jesús y sus amigos, pasarían una noche en casa.

Al ver toda esta algarabía, algunos fariseos que seguían a Jesús y algunos dentro de la multitud, murmuraban diciendo:

—*¿Qué no sabrá la fama de este tipejo? ¿Cómo se atrevió el maestro y profeta de Israel, a hospedarse con este pecador?*

Las Escrituras dicen que le dijo a Zaqueo que era necesario posar en su casa. Pongamos atención, no sólo la invitación era para pasar un tiempo de comida y charla, Jesús le dijo:

—*Es necesario que pase la noche en tu casa junto con las personas que me acompañan.*

Razón para que algunos líderes religiosos que se encontraban por ahí, se escandalizaran. Hablaron entre sí y comentaron de cómo era posible que el rabí, el que se autonombraba hijo de Dios, comiera y se quedara una noche con este publicano.

A Zaqueo no le importaban las críticas, él estaba recibiendo más de lo que esperaba, se sentía honrado de tener a Jesús en su casa. Si a Zaqueo no le importaba, ¡menos a Jesús! Fue tanto el impacto de la presencia de Jesús en la casa de Zaqueo, que mientras Jesús le compartía a la multitud y convivía con Zaqueo y sus discípulos, hubo un punto en la reunión, en que este acontecimiento se convirtió en un gran banquete.

En medio de todo esto, el chaparrito Zaqueo, fue impulsado a un acto aparentemente emocional, pero no era así, sin más miramientos dijo: *La mitad* (o sea el cincuenta por ciento) *de todas mis posiciones, te la entrego para los pobres.*

Jesús se había convertido en el Señor de su vida, de su casa y de sus posesiones.

El dinero donado por Zaqueo sería utilizado para los pobres y enseñar las Buenas Nuevas, leamos estos versos:

El Espíritu del Señor está sobre mí, porque me ha ungido para llevar la Buena Noticia a los pobres. Me ha enviado a proclamar que los cautivos serán liberados, que los ciegos verán, que los oprimidos serán puestos en libertad, y que ha llegado el tiempo del favor del Señor Lucas 4:18.

Porque la tarea de Jesús era predicar el Evangelio del Reino, y la lista la encabezaban los pobres y los quebrantados de corazón, *para liberar a los cautivos, para darle vista a los ciegos, a poner libertad a los oprimidos y predicar el año agradable del Señor*; mi pregunta es: ¿por qué esta lista la encabezan los pobres?, notemos algo en este versículo, dice que va a liberar a los esclavos, les dará vista a los ciegos, pondrá en libertad a los oprimidos, entonces con los pobres, ¿qué iba a hacer?, liberarlos de la pobreza.

Zaqueo pone en las manos de Jesús el cincuenta por ciento de todos sus bienes para esta causa y lo hizo público; con eso que estaba haciendo, le estaba cerrando la boca a los fariseos, a los religiosos, a los murmuradores. A Zaqueo, nadie le habló de diezmos y ofrendas. Me llama la atención por qué dio el cincuenta por ciento. Creo que Zaqueo (que era un ladrón de cuello blanco), es muy probable, que no iba a la sinagoga como los demás israelitas, aunque era judío; es muy probable que por lo tanto se estuviera robando también los diezmos.

En ese tiempo cuando sorprendían a alguien robando, tenían que regresar lo robado cuatro veces más; él en sus matemáticas, estaba regresando a Dios el cincuenta por ciento; por si fuera poco, Zaqueo además de esto, le dijo delante de todos, con una multitud de testigos: *Si a alguien le he robado...*

Es muy probable que la multitud entera se soltó riendo, porque sabían (y el mismo Zaqueo sabía) que el dinero que estaba entregando o las posesiones, eran el resultado del robo que había hecho por años. *Si a alguien le he robado, le regreso cuatro veces más de lo que les he robado.*

Es muy probable también que la gente haya empezado

a decir: "*Zaqueo, a mí me robaste*", "*a mí también*", "*Zaqueo, a mí por años me estuviste estafando*", "*apúntame en la lista*". Zaqueo estaba tan impactado con la presencia de Jesús que, al ponerse bajo su señorío, quería ponerse al día y empezar su nueva vida. ¿De qué manera lo estaba haciendo? Poniéndose a cuentas con Dios y con su prójimo. Así que si nos ponemos matemáticos, Zaqueo estaba dispuesto a vivir sólo del diez por ciento de todo lo que tenía. Jesús jamás le habló del diezmo ni de las ofrendas, nadie le tocó el tema, sino que simplemente fue una convicción que tuvo al estar frente a la presencia del maestro. Cuando Zaqueo terminó de ponerse a cuentas con Dios y su prójimo, Jesús le dijo: *Zaqueo, haz provocado que se abra la ventana de la salvación para ti y toda tu casa, porque tú también eres hijo de Abraham. Porque el hijo del hombre vino a buscar y salvar lo que se había perdido. Vine a Jericó a buscarte para que fueras de testimonio a estos cientos de personas.*

Qué impresionante entender el orden cronológico de esto: Jesús lo declara salvo a él y a su casa, después que él se despojó de sus títulos, de la posición que tenía ante Roma. Después que se despoja de sus bienes, se pone a cuentas con Dios, hace las paces con su prójimo. Zaqueo, desnudó su alma entera ante Jesús. Una vez que se despojó de todas sus ataduras, Jesús lo declara salvo. A partir de ese día, ya no era su casa, sino era de Jesús; ya no era su familia, era la familia de Jesús; ya no era su dinero, ya le pertenecía a Jesús; ya no eran sus posesiones, ya eran de

Jesús —incluyéndolo a él mismo. Cuántos hombres como Zaqueo necesitamos hoy en nuestras congregaciones, en nuestra sociedad; personas que nos sometamos al señorío de Jesús y entendamos que todo lo que tenemos, no es de nosotros, sino de Dios.

VIVAMOS BAJO EL SEÑORÍO DE CRISTO

En una ocasión, llegó un matrimonio joven a la congregación que yo pastoreaba; venían de otra ciudad, recién se habían mudado, llegaron de una congregación donde ellos ejercían liderazgo. A las dos o tres semanas de estar en nuestra iglesia, solicitan hablar conmigo. Cuando entró a mí oficina, el hombre me dijo estas palabras:

—*Me pongo a disposición para servir en este lugar.*

Se sacó las llaves de su carro, las puso en mi escritorio; se sacó su cartera, la puso en el escritorio; sacó la llave de su casa y la puso en el escritorio; sacó una foto de su familia, también la puso en el escritorio.

—*Con todo esto estoy dispuesto a servir a Dios en esta congregación* —me dijo.

Su actitud me sorprendió y agregó:

—*De donde yo vengo, me enseñaron a servir a Dios así.*

Por supuesto que todo lo que hizo fue un acto simbólico.

Pero aquel acto que me impactó, no duró mucho tiempo. Como al mes de estar sirviendo en la congregación, tuve un predicador invitado que venía de otro país y después de haber estado con nosotros tres días, él necesitaba viajar a otra ciudad, no muy lejos de nuestra ciudad, eran 120 millas de distancia, yo no podía llevarlo en ese momento, pero me acordé que aquel joven líder me dijo que su auto "estaba a disposición y al servicio de Dios".

Le llamé por teléfono, lo cité en mi oficina y delante del predicador, le dije:

—*Necesito que lleves a nuestro invitado a la ciudad de Tucson, sólo lo vas a dejar allá y te vas a regresar.*

—*¿Cuánto me va a dar para la gasolina y en qué auto lo voy a llevar?* —me sorprendió la pregunta que este joven me hizo.

—*¿Qué no fuiste tú el que hace un mes puso su cartera sobre mi escritorio y las llaves de su auto también, poniéndolos a disposición del servicio del Señor?* —le respondí inmediatamente con esa pregunta.

—*Sí* —me respondió— *pero si voy a esa ciudad, son 120 millas de ida y 120 de regreso, ¿qué le voy a meter a mi auto?, aparte el desgaste que tendrá, se va a devaluar el precio de mi auto.*

—*Muchas gracias. Puedes retirarte. Me doy cuenta que todo lo que hiciste aquel día, fue sólo porque querías impresionarme. Sólo de labios para fuera era tu compromiso, para impresionarme. Dios, que conoce todo de nosotros, ya sabía la falsa promesa que estabas haciendo. Tu corazón está lejos de servir y honrar a Dios. Buscaré a alguien más para que lo lleve, porque en esta congregación, hay mucha gente que está esperando la oportunidad de una llamada para hacer algo como lo que te estoy pidiendo ¡y lo hacen con gozo y alegría!*

Creo que el caso de Zaqueo no era como el de este joven del que les hablo en los párrafos aquí arriba, Zaqueo no pretendió impresionar al Señor ni a la multitud ahí reunida. Lo que Zaqueo decidió hacer ese día, era para vivir una vida bajo el señorío de Cristo. No sólo fue salvo él, su casa y su descendencia, también fue bendecida por la acción de Zaqueo.

Reflexionemos en esta impactante y fascinante historia y sometámonos al señorío de Cristo.

CAPÍTULO XII
IVÁN Y LUCY

El amo dijo: Bien hecho, mi buen siervo fiel. Has sido fiel en administrar esta pequeña cantidad, así que ahora te daré muchas responsabilidades. ¡Ven a celebrar conmigo! Mateo 25:23 NTV.

Fue en marzo de 1998 cuando conocí a Iván y Lucy de una forma aparentemente circunstancial. Ellos llegaron a nuestra congregación como pareja. En ese tiempo, un amigo pastor (a quien conocía desde muy joven) y su servidor, decidimos unir nuestras congregaciones para hacer fuerza y un mejor trabajo en la ciudad de Phoenix, Arizona. Entre ambas congregaciones sumábamos alrededor de 250 personas.

Como líderes, el propósito (entre otras cosas) era aligerar cargas y hacer un buen trabajo en equipo. Iniciamos con buen ánimo y muchas metas a corto y largo plazo. Iván era un jovencito de 19 años, ya casado con Lucy. De toda la gente que se unió a esa congregación, Iván y Lucy, sobresalían en ese pequeño grupo desde que llegaron, tenían un espíritu de servicio, ¡increíble! Tengo presente que en ese tiempo, habíamos planeado levantar unas paredes que se requerían en las instalaciones que ocupaba la naciente iglesia. Varios hombres se comprometieron a trabajar; Iván fue el primero que llegó el día de la cita y debo confesar que llegó antes que el otro pastor y que yo. Cuando llegué, después de saludarlo, le pregunté:

—*¡A qué hora llegaste?, ¿vas llegando?*

—*No, ya tengo una hora esperándolos* —respondió.

—*¿Ha llegado alguien más?* —pregunté.

Lo noté un poco molesto, me respondió:

—*Esos irresponsables llegarán más tarde, cuando les dé la gana o tal vez no vendrán.*

Me llamó la atención su compromiso, responsabilidad y molestia, aparentemente a los demás no les importaba mucho el trabajo que íbamos a hacer. Después de ese acontecimiento, pasaron algunas semanas, yo casi no hablaba con Iván, pero observaba que cada vez que el otro pastor solicitaba algo, lo que fuera necesario, desde recoger basura, ir por cualquier cosa que se ofreciera, limpiar el estacionamiento, tanto Iván como Lucy, siempre estaban dispuestos. Nunca los escuché quejarse, decir "no podemos" o renegar. La unión de estas dos congregaciones, duró muy poco, sólo dos meses; de mutuo acuerdo nos separamos.

Para mi pesar, Iván y Lucy se fueron —pertenecían a la otra congregación. Tuve el privilegio y la bendición de convivir con ellos y aunque fueron sólo unos meses, se quedaron muy grabados en mi mente y corazón. El espíritu de amor y servicio de esta joven pareja, para mí, era ejemplar. Para mi grata sorpresa, en el mes de septiembre de 1998 (a pocas semanas de haberse ido), mientras cantaba un coro antes de predicar, vi que entraban a la iglesia con un bebé recién nacido y su hija mayor, acompañándolos. Al terminar de predicar, cuando estábamos orando para despedir la reunión, Iván y Lucy con sus niños, salieron del edificio, pero dejaron un sobre con 28 dólares de diezmos —me enteré porque el ujier me entregó el sobre y lo llevé a tesorería. Pasó esa semana y al siguiente domingo, mientras se levantaban los diezmos y ofrendas, de nuevo llegaron Iván y Lucy con sus niños, se quedaron durante toda la predicación, pero al orar para despedir la reunión, otra vez salieron sin despedirse de nadie.

En tesorería esta bella y ejemplar pareja, había dejado un sobre con 28 dólares de nuevo. Al siguiente domingo, uno de mis asistentes me comentó:

—Van dos domingos que Iván y Lucy, llegan casi a la hora de la predicación, se van antes de que acabe la reunión y no nos dan oportunidad de saludarlos.

—Si llegan hoy, te pido de favor que estés muy atento en la entrada del templo y cuando estemos orando para despedir la reunión, lo más probable es que quieran retirarse (como

en las dos ocasiones anteriores), quiero que te acerques, los saludes y los invites a comer a algún restaurante que ellos elijan —yo le comenté a mi asistente.

Y como lo habíamos pensado: ese domingo también llegaron a la reunión, por lo que, en cuanto vi a mi asistente y le pregunté qué había sucedido con lo que le solicité, respecto de la joven pareja y si había hablado con ellos, él me respondió:

—No tuve oportunidad pastor, porque cuando estábamos orando yo también cerré los ojos y cuando los abrí ya se habían ido.

Me llamaba la atención que dejaban los 28 dólares cada vez que asistían. Le dije al encargado de recibir a la gente antes de la reunión:

—La próxima semana, cuando estés de nuevo en la entrada, ¡no te autorizo que cierres los ojos! Vas a interceptar a Iván y a Lucy y los vas a llevar a comer.

—Pastor, ¿qué quiere que les diga durante la comida? —me comentó el asistente.

—Sólo pasa un buen tiempo con ellos —le respondí.

Mi asistente entendió el mensaje: ¡No cerró los ojos! Cuando terminó la reunión y no lo vi, di por hecho que los había llevado a comer. Ese domingo por la tarde, me llamó y dijo que había tenido un buen tiempo con ellos y sus hijos, resultó que eran casi vecinos de la ciudad de dónde venían de México.

Iván y Lucy eran fieles asistentes a nuestra iglesia. Poco a poco se fueron involucrando en los quehaceres de la congregación. Le encargué a mi asistente que se diera tiempo para discipularlos.

Yo seguía viendo algo especial en ellos, un potencial para el servicio. Un día invité a Iván a ir a batear en un lugar de la ciudad, aunque yo no juego béisbol, pero era un pretexto para tener un acercamiento con él y su esposa. Esa vez que nos vimos, se portó muy serio, reservado, pero eso no impidió que tuviéramos una buena plática. En medio de nuestra charla, me acuerdo que le pregunté:

—*¿Cómo te has sentido en la congregación estos meses?*

—*Pues sigo asistiendo los miércoles y domingos, ¿qué no?, eso quiere decir que estamos contentos, que estamos aprendiendo, tanto en el discipulado como en las prédicas del domingo* —me respondió en su estilo serio y reservado.

A los pocos meses, le dije a mi asistente: *Yo lo voy a discipular de ahora en adelante.* Empecé a reunirme con él de una manera regular, pero informal. Nos fuimos conociendo, tomamos confianza. En una ocasión, le dije:

—*Dile a tu esposa que quiero ir a comer a su casa.*

—*Yo vivo en una casa muy fea* —me respondió.

Ellos vivían en un vecindario muy humilde, en casa móvil; por el comentario que me hizo, asumí que les daba pena que los visitáramos. Le comenté:

—*Sólo quiero ir a tu casa a comer, no te sientas mal por la condición de tu casa.*

—*Déjeme avisarle a mi esposa* —me respondió.

Iván no podía creer que quería ir a su casa a convivir y comer con ellos.

—*¿Qué se le apetecería comer?* —me preguntó.

—*Chorizo con papas, frijoles, queso y tortillas de harina* —le respondí.

—*¿Estás seguro?, ¿no quieres que te preparemos una carne asada?* —me contestó, sorprendido.

—*No* —le respondí.

Quizá él imaginaba que yo sólo comía caviar, cortes de carne selecta o comidas muy sofisticadas. Por la expresión de su cara, él seguía pensando que yo estaba bromeando. Le afirmé que no era broma. Me dijo:

—*Mi mujer se avienta para hacer tortillas de harina.*

Determinamos el día para ir yo junto con mi esposa, a visitarlos.

Llegamos a su pequeña y humilde casa, la tenían bien arreglada, limpia, aromatizada. ¡Por Dios!, ¡cómo olvidar ese chorizo con papas, esos frijoles tan deliciosos, con queso fresco! y esas tortillas ¡hechas a mano, espectaculares!

Estábamos recibiendo un verdadero banquete, fue una delicia todo lo que pusieron sobre la mesa. Siempre recuerdo ese día y me saboreo de nuevo. Durante la cena, Lucy me comentaba regularmente:

—*¡Qué pena!, nos habría gustado ofrecerles carne asada; pensamos que comían sólo en restaurantes de lujo.*

—*Podemos comer en banquetes como también en banquetas* —le comenté, sonriendo.

Desde esa visita (y las próximas que les hicimos), siempre me preguntan lo mismo. ¿Qué quieren comer esta vez?, y la respuesta, siempre la misma: *chorizo con papas, frijoles, queso fresco y tortillas de harina, hechas a mano*, después de más de veinte años que llevamos conviviendo con ellos, cada vez que nos reunimos, lo festejamos con lo mismo, ¡es una delicia!

UN DISCÍPULO DESTACADO

Además de mi trabajo como pastor, también tenía invitaciones regulares a predicar a otros estados de la Unión Americana, una ocasión fui invitado a predicar a una congregación en Las Vegas, Nevada.

El primer día estaba programado sólo con el liderazgo.

En esa ocasión me acompañaron cinco de mis líderes principales, quienes tenían varios años conmigo en la iglesia. También invité a Iván, era el más joven de todos.

Les comenté a los líderes que me acompañaban:

—*Cuando esté compartiendo, voy a pasar ocasionalmente a alguno de ustedes a reforzar la enseñanza* —A Iván no le hice el mismo comentario.

Cuando principié a compartir, llamé a uno de los líderes para que continuara con la enseñanza que estaba dando, creo que se puso nervioso, sus comentarios fueron dispersos y no le fue posible dar continuidad, por lo que tuve que pasar yo y retomar la enseñanza. Después que encaucé de nuevo la charla, invité a otro de mis líderes a tomar el lugar; y como el anterior, ¡se perdió!, como decimos vulgarmente, "agarró monte".

Esto sucedió con cada uno de los líderes que me acompañaban esa ocasión. Me extrañó que después de haberme escuchado tantas veces hablar del mismo tema, no respondieran como yo esperaba. Recordé las palabras de Jesucristo escritas en los evangelios: *el que tiene oídos para oír, que oiga...* Millones de personas, oyen, pero no escuchan, ¡menos entienden! —y así pueden transcurrir toda su vida.

Cuando tomé el micrófono de nuevo, encarrilé todo el desastre provocado por estos hombres. Un poco antes de terminar la enseñanza, le dije a Iván: *pasa al frente.*

De momento se sorprendió, ¡no se lo esperaba!, lo tomé desprevenido y le dije:

—*Compártenos algo de lo que tú has aprendido en estos años de mis enseñanzas.*

Iván, sin ningún problema, continuó con la secuencia casi a la perfección. Tenía pocos minutos fortaleciendo mis enseñanzas y el auditorio donde nos encontrábamos ¡se deshacía en aplausos a lo que aquel jovencito estaba compartiendo! Continuó hablando durante unos quince minutos y tenía a todos los líderes de esa congregación, bebiendo de su mano. Fue el más aplaudido de la noche.

Al terminar la reunión, el pastor me preguntó si Iván era uno de los maestros de nuestra iglesia. Le respondí que era la primera vez que hablaba en público. A partir de ese evento, me acompañaba en algunos viajes a compartir la Palabra.

Esa es una forma práctica y debería ser cotidiana cuando (como pastores) discipulamos a nuestros liderazgos. Jesucristo formaba líderes en el día a día, sus discípulos permanecían a su lado adondequiera que Él iba.

EL RETO DE IVÁN

En una ocasión llamé a Iván a la oficina y le pregunté:

—*Iván, ¿cuánto ganas a la semana?*

—*Gano 280 dólares* —me respondió.

—*¿Por eso diezmas 28 dólares a la semana?* —pregunté.

—*Pues es justo el diezmo que corresponde, ¿qué no?* —me dijo.

Tengo presente que era un día miércoles por la noche, cuando le comenté eso. Como soy hombre de retos, le dije:

—*Te voy a retar: atrévete a dar el veinte por ciento de lo que ganas; el próximo domingo en vez de dar 28 dólares, da 56 dólares —que es diez por ciento de diezmo y diez por ciento de ofrenda.*

Se quedó callado, guardó un silencio absoluto, no dijo ni sí ni no. Sólo me miró y se retiró. Quizá se fue pensando: *Este pastor, solamente me quiere bajar lana*; al siguiente domingo, en vez de dar el diez por ciento, dio el quince por ciento —de momento no aceptó el reto completo, pero agregó un cinco por ciento.

El lunes cuando llegó a su trabajo, lo primero que le dijeron, fue:

—*"Te vamos a dar un aumento de dos dólares la hora"* —recordó lo que él había hecho el domingo.

—*Si le hubiera hecho caso al pastor, de dar el veinte por ciento, me hubieran dado un aumento de cuatro dólares la hora, pero sólo me limité a dar el quince por ciento* —pensó.

¿Qué creen que hizo el domingo siguiente? Testificó de

cómo no había aceptado el reto completo que yo le hice, que dio el quince por ciento y no el veinte por ciento, también contó lo sucedido en su trabajo; volteó a verme y me dijo:

—*Pastor, hoy aceptaré el reto, voy a dar el veinte por ciento.*

A partir de ese día comenzó a dar el veinte por ciento de lo que ganaba. A los pocos meses, no sólo le aumentaron el sueldo, lo ascendieron a supervisor y le asignaron un grupo de personas bajo su responsabilidad.

Él continuaba fiel y no se limitaba al veinte por ciento, solamente.

En una ocasión, lunes por la tarde, yo iba a salir de la ciudad, me encontraba en la oficina; Iván me llamó y me preguntó dónde estaba, le respondí que en la oficina, le comenté que saldría temprano al siguiente día, me pidió que lo esperara. Minutos más tarde, llegó; en un sobre traía 900 dólares y me dijo:

—*Esta semana nos toca hacer todos los pagos de la casa: los servicios públicos, los gastos médicos y necesito 1200 dólares en total; ayer en la predicación mencionaste que si lo que tengo para hacer mis pagos, no me alcanza, entonces no es cosecha, es semilla. Te quiero sembrar estos 900 dólares* —comentó y los puso en mis manos.

Después de esa pequeña charla, cada uno nos dispusimos a irnos a casa.

Salí a Miami como lo tenía previsto. El viernes por la tarde, recibí una llamada de Iván, me dijo:

—*¿Recuerda la ofrenda que le di el lunes?, ¿recuerda que le dije que no me alcanzaba para hacer mis pagos? comentamos que era semilla y por eso la sembré. Llegando a mi casa, encontré a mi esposa muy contenta porque fue a revisar el buzón del correo y recibimos un dinero que no esperábamos. ¡Era un cheque por la cantidad de 5000 dólares! Le dije a mi esposa: "la semilla de 900 dólares provocó un milagro de 5000 dólares".*

Adicional al servicio de él y de su esposa trabajando con niños en la iglesia, en el grupo de alabanza, en todo lo que se necesitaba en la congregación, siempre estaban involucrados en lo que se requería y lo hacían con mucho amor.

Les recuerdo de nuevo: Iván y Lucy no se limitaban al diez o veinte por ciento, sino que siempre buscaba una oportunidad para dar.

DE EMPLEADO A EMPRESARIO

En cierta ocasión, le pregunté a Iván:

—*¿Te gustaría tener tu propia empresa?*

—*Ese es mi sueño* —respondió.

—*¿Qué haces exactamente en tu trabajo?* —le pregunté.

Me platicó que instalaba tablaroca. Le mencioné que si estaba dispuesto a seguir algunas instrucciones que yo le daría, para tener su propia empresa, me respondió:

—*¡Claro que sí! Hasta ahora todo lo que me has enseñado, me ha funcionado.*

En el mismo tenor, le hice otra pregunta:

—*¿Qué se hace después de instalar la tablaroca?*

En pocas palabras, me explicó lo siguiente: era el *encintado*, para dejar todo preparado para el enjarre. Iván me expresó que todo ese trabajo lo hacía un turno completo y que después del turno de preparación, venía el otro turno para enjarrar. Le pregunté si él sabía *encintar*, me dijo que no; le recomendé que hablara con el supervisor de los encargados de esa área:

—*Dile que te quedarás a trabajar dos horas, porque quieres aprender a preparar el encintado y que lo harás sin goce de sueldo. Hazlo por alrededor de tres meses, hasta que aprendas a hacerlo bien, ¿estás de acuerdo?* —le pregunté.

Después de un tiempo, platicamos y le pregunté:

—*¿Cómo te está yendo?*

—*Un poco cansado por el hecho de trabajar dos horas extras, pero muy bien, porque estoy aprendiendo* —respondió.

No necesitó de tres meses, ¡en un mes aprendió lo necesario!

—*¿Ahora, qué sigue?* —me preguntó Iván.

—*Vas a ir con el supervisor de los que enjarran (que es un turno laboral previo al que te corresponde), por lo que deberás llegar dos horas antes; le dirás que quieres aprender y que no tendrá que pagarte algo adicional.*

El supervisor aceptó, después de seis semanas, Iván me buscó para comentarme que había aprendido lo necesario y me solicitó la siguiente indicación.

Le recomendé:

—*Es el momento de correr la voz de todo lo que ahora sabes, con familiares, amigos, conocidos, pídeles que te recomienden y comienza a tomar trabajos extras. Ahora estás listo y capacitado para, poco a poco, tener tus propios clientes y posteriormente, crear tu empresa.*

Iván comenzó a poner en práctica todo lo aprendido, ya podía realizar trabajos iniciando desde cero. Él siguió las instrucciones y pasó de ser un empleado, a contratar empleados y supervisarlos, pero ya como patrón.

Dios continuó prosperando más abundantemente el fruto de su trabajo. Iván seguía fiel, dándole a Dios el veinte por ciento de sus ingresos —y sembrando en cada oportunidad que se le presentaba.

Al poco tiempo de haber aprendido todo lo anterior, mi hermano Gamaliel (quien es un empresario muy próspero), lo conectó con una inversionista que compraba casas.

Esta inversionista compraba, remodelaba y vendía casas y empezó a darle contratos a Iván de una manera considerable, de una hasta tres casas. Así fue cómo Iván comenzó a crecer, a ser prosperado, ¡muy bendecido! La fidelidad a Dios con nuestros diezmos y ofrendas y siendo generosos, siempre traerán bendición sobre nuestras vidas.

El 8 de mayo del 2005, nació su tercera hija, la familia crecía en número e igual eran prosperados grandemente en su economía. Se mantenían con buena salud, en una buena relación como familia. Junto con todo eso sobre sus vidas, Iván y Lucy, compraron su primera casa. Dejaron el lugar humilde en el que vivían, la pequeña casa móvil donde mi esposa y yo, los conocimos. Ya tenían su propia casa, seminueva, pero en excelentes condiciones y de buen tamaño, por cierto. Sus familiares, gente cercana, las personas quienes fueron sus vecinos, quedaron gratamente sorprendidos de cómo habían prosperado. Posiblemente algún vecino sintió un poco de envidia, la mayoría se llenaron de alegría por las bendiciones que esta familia había recibido.

En esta nueva etapa en la vida de Iván, jamás sintió que ya le había dado mucho al Señor, sino todo lo contrario, él seguía dando con generosidad y era aún más prosperado. Familiares y amigos, le preguntaban cuál era la fórmula de su prosperidad y él les compartía apasionadamente sobre el principio del diezmo y la ofrenda. Sus familiares sonreían y le comentaban que *su amigo y pastor, le había lavado el cerebro.*

—*Vamos a suponer que me lavó el cerebro, pero esta lavada de cerebro, es lo que me está funcionando* —él les decía y los invitó a hacer lo mismo. Lo seguían criticando, lo tiraban de loco.

Cuando en el 2008 vino la recesión económica en Estados Unidos, muchas compañías constructoras y todo tipo de empresas, tuvieron que cerrar, pero Iván y su empresa, no fueron afectadas. Del 2009 al 2011, entre más difícil se encontraba la situación económica (decenas de empresas seguían cerrando y mucha gente quedó desempleada), fue el mejor tiempo de crecimiento para Iván. Platicando con él sobre el asunto de la recesión en el país, me comentó:

—*A la recesión sólo la vi pasar de largo.*

Lo que a otros llevó a la quiebra como empresas, para Iván, representó lo contrario: aumentó su capital, invirtió en otra casa —que es donde hoy viven. Compró varios automóviles para la empresa y también para su familia. Toda esta abundancia, les permitió disfrutar varias veces de vacaciones.

En el proceso de escribir este libro y en la amistad que aún continúa entre Iván y su familia con mi familia, observo que es un hombre bendecido y que bendice a otros. Tiene varios años viviendo libre de deudas y nunca ha dejado de practicar estos principios: diezmar, ofrendar y ayudar en la obra social.

Ellos, como millones de personas, descubrieron que entre más le das a Dios, Él más te bendice.

CUANDO DAMOS, RECIBIMOS, DICE JESÚS

Hay mucha gente que dice: *A Dios hay que darle sin esperar nada a cambio*. Tener ese tipo de pensamiento, es incorrecto. La Biblia dice:

Dad y se os dará medida buena, apretada y remecida y rebosante Lucas 6:38.

Son palabras literales de Jesús. Es ley escrita y verdadera. Cuando damos, recibimos.

Qué agricultor siembra semilla en su tierra y dice: *voy a sembrar esta semilla, trabajarla, si produce fruto, qué bueno, si no, no importa*. Eso jamás lo piensa un agricultor.

El sembrador siempre tiene la expectativa de que cosechará con abundancia y se emociona por ello: que la semilla plantada y el arduo trabajo, dará mucho fruto.

El agricultor siembra la semilla, la riega, la barbecha, la supervisa continuamente; cuando brotan los primeros retoños en la tierra que fue trabajada, ¡se llena de alegría!

Imagínense su gozo cuando disfruta de los primeros frutos.

La Biblia dice que llega el momento en que:

Tu cosecha alcanzará a tu siembra Amós 9:13.

En otras palabras: con una mano siembras y con la otra cosechas.

Cuando te conviertes en un sembrador como Iván y Lucy, ya no tienes que esperar un largo tiempo para cosechar, porque casi inmediatamente se cumple la Palabra.

Para mí es de suma alegría el ver tanta gente como Iván y Lucy, que han aprendido estos principios, lo hicieron parte de su vida diaria. Verlos tan prósperos, me llena de gozo.

Quise cerrar con esta historia (que fue muy cercana a mí), que por años la he visto como verdad y testimonio en la vida de Iván y Lucy —y que marcó mi vida.

Ver la prosperidad en todas las áreas de la vida de esta pareja, me inspira y motiva a decir: valió la pena el tiempo y vida invertidos en horas de discipulado, amistad, convivencia en esta pareja, y hoy, una familia hermosa.

CONCLUSIÓN

A lo largo de estas páginas, hemos explorado la esencia del diezmo y la ofrenda en nuestras vidas. Hemos desenterrado las raíces de la fe y la prosperidad, y hemos arrojado luz sobre conceptos equivocados que durante mucho tiempo han nublado nuestra comprensión. Ahora, mientras nos acercamos al final de este viaje, permíteme llevarte a un punto final que concluye todo lo que hemos aprendido.

Recordemos la historia de mi madre, en ese rincón humilde, orando por provisión divina mientras compartía el último trozo de tortilla con sus hijos. Su fe inquebrantable y su acto de generosidad en medio de la escasez dejaron una huella imborrable en mi corazón. En ese momento, no solo experimentamos el poder de la fe, sino también el impacto transformador de compartir, incluso cuando aparentemente no había suficiente para nosotros.

Hemos desterrado la noción de que la falta de dinero es un signo de santidad. Hemos descubierto las promesas de abundancia y prosperidad que Dios tiene para cada uno de nosotros. Hemos aprendido a interpretar las Escrituras con sabiduría y discernimiento, liberándonos de limitaciones impuestas por una interpretación superficial.

Ahora bien, ¿cómo podemos aplicar todo esto en nuestras vidas? La respuesta es simple: CREE y ACTÚA. Lleva contigo los principios que has absorbido en estas páginas y permite que el Espíritu Santo guíe tus acciones diarias. Abraza la generosidad como un acto de fe y confianza en Dios, incluso cuando los recursos parezcan escasos. Diezma y ofrenda no por deber, sino con un corazón agradecido y expectante.

Te invito, y te lo digo con mucho amor y sinceridad, a que reflexiones en cada uno de los capítulos de este libro.

Mi anhelo y oración, es que esto que funcionó en los personajes descritos en las historias bíblicas y los testimonios narrados, funcionen en ti y en todas las personas en este aún principio del Siglo XXI.

Que lo que hoy compartí aquí de las vidas de Iván y Lucy y su familia, sean una lección inspiradora para ti.

Pido a Dios que conceda los deseos de tu corazón y haga que todos tus planes tengan éxito. Salmos 20:4 NTV

Diego Moreno Jr.

PD: Mi compromiso es seguir ayudándote a mejorar tu camino en la vida, en todos los sentidos. Por lo mismo, no olvides descargar tu ebook gratuito para aprender las "**6 Razones Para Vivir Sin Miedo**" en el siguiente enlace:

www.DiegoMorenoJr.com/regalo

O escanea tu celular en este código QR:

DIEGO MORENO JR

Es pastor, conferencista, autor, cantautor y empresario. Oriundo de Mazatlán, Sinaloa y criado en San Luis Río Colorado, Sonora, ha dedicado su vida a inspirar y guiar a incontables almas en su camino espiritual y financiero.

Diego se convirtió en pastor a partir del año 1996, pero desde 1990, ha predicado la Palabra de Dios más allá de las fronteras, presentándose en numerosos países llegando a millones a través de la radio y la televisión. De 2012 a 2018, se presentaba constantemente en la cadena televisiva colombiana CMB, donde cientos de miles sintonizaban para escuchar sus sabias palabras.

Con más de 30 años viajando por el mundo, Diego ha impartido también seminarios sobre libertad financiera ayudando a iglesias, empresas y personas individuales a definir y alcanzar sus objetivos utilizando principios bíblicos, algo que lo ha llevado a visitar 56 países. Además de ser un pastor y conferencista reconocido, Diego es fundador de Radio Activa 95.9 FM en Los Mochis, Sinaloa y autor del poderoso libro titulado "Socios de Dios".

Casado con Evelia desde 1992, juntos han formado una hermosa familia compuesta por cinco hijos y dos nietos. Entre sus pasatiempos favoritos, Diego Moreno Jr. ha sido toda su vida un ferviente aficionado al boxeo, así como un prolífico cantante, quien ha grabado más de 40 canciones de su propia autoría.

Para mayor información acerca de:

- Conferencias
- Consejería grupal
- Consejería individual
- Cursos en línea
- Talleres

O si tienes alguna pregunta, no dudes en comunicarte con el autor directamente a través de:

Email: info@DiegoMorenoJr.com

Website:
www.DiegoMorenoJr.com

Website QR:

¡Gracias por leer! Esperamos que hayas disfrutado de este libro

El autor lee cada comentario publicado en su página de Amazon.

Te agradeceríamos que compartieras tu opinión acerca de esta obra, pues así ayudarás a otros lectores a tomar sus propias decisiones para invertir su propio tiempo y recursos en este contenido.

Dos cosas antes de que dejes tu comentario:

Primero, pedimos solo comentarios francos, que reflejen el verdadero impacto que este libro causó en ti.

Segundo, que estos comentarios sean prácticos con la intención de ayudar a otros a tomar sus propias decisiones.

Así que, si disfrutaste este libro y deseas compartir tus impresiones con el autor y sus futuros lectores, te invitamos a dejar tu comentario y calificación en la plataforma de Amazon.

Solo introduce el título del libro en la barra de búsqueda de Amazon y lo podrás hallar rápidamente.

Con Gratitud,

Editorial Misión

¿TE GUSTÓ LA INFORMACIÓN QUE ENCONTRASTE EN ESTE LIBRO?

Si así fue, puedes contactar al autor para llevar a tu ciudad su conferencia:

10/90: El Diez Es De Dios y el 90 También

www.DiegoMorenoJr.com

info@DiegoMorenoJr.com

Como muestra de mi agradecimiento por adquirir este libro, deseo hacerte un **regalo especial.**

Te invito a descargar GRATIS mi Ebook titulado:

"FUERTE Y VALIENTE:
6 Razones para Vivir Sin Miedo"

Este recurso adicional te proporcionará aún más herramientas y sabiduría para enfrentar cualquier desafío con valentía y fe.

No esperes más, puedes acceder a tu regalo en el siguiente enlace:
www.DiegoMorenoJr.com/regalo

¡Descárgalo ahora y descubre cómo puedes ser fuerte y valiente!

Editorial Misión

Nuestros Libros Transforman Vidas

Descubre La Nueva Forma De Escribir Libros

Solo ocupas tres horas de tu tiempo
(Nosotros hacemos el resto)

Y Recibe El 100% De Las Regalías

MISIÓN

EditorialMision.com/publicar

Made in the USA
Monee, IL
12 November 2026

b09e624f-4bb2-4354-9207-a1b97e44a2a5R01